신나게 배우는
차이나로
중국어 회화

초급

Level 3

홍서

저자

孫茂玉 (쑨마오위)

国立台湾政治大学 中文系 졸업
한국관광공사 홍보 책자 다수 번역
서울지방경찰청, 대원외고, 삼성물산, 롯데 등 출강

전) 강남 CCC 중국어 학원 강사
전) 中华民国驻韩大使馆 领事部 (现 驻韩台湾代表部)
전) 차이나로 중국어학원 대표강사
전) 차이나로 중국어학원 교육실장
전) ㈜한솔차이나로 중국어학원 부원장
현) ㈜한솔차이나로 교육총감

차이나로 중국어회화 Level 3 초급 홍서

초판발행	2014년 2월 24일
1판 6쇄	2023년 2월 20일
저자	차이나로 중국어 연구소, 孙茂玉
편집	최미진, 가석긔, 엄수연, 高霞
펴낸이	엄태상
디자인	진지화
콘텐츠 제작	김선웅, 장형진
마케팅본부	이승욱, 왕성석, 노원준, 조성민, 이선민
경영기획	조성근, 최성훈, 정다운, 김다미, 최수진, 오희연
물류	정종진, 윤덕현, 신승진, 구윤주
펴낸곳	시사중국어사(시사북스)
주소	서울시 종로구 자하문로 300 시사빌딩
주문 및 문의	1588-1582
팩스	0502-989-9532
홈페이지	http://www.sisabooks.com
이메일	book_chinese@sisadream.com
등록일자	1988년 2월 12일
등록번호	제300 - 2014 - 89호

ISBN 978-89-7364-451-3 14720
　　　978-89-7364-471-1 (set)

* 이 책의 내용을 사전 허가 없이 전재하거나 복제할 경우 법적인 제재를 받게 됨을 알려 드립니다.
* 잘못된 책은 구입하신 서점에서 교환해 드립니다.
* 정가는 표지에 표시되어 있습니다.

머리말

중국어 교재 최초로 삽화를 통한 연상학습법을 사용한 『차이나로 中國語會話』 시리즈는 중국어를 배우고 가르치는 수많은 학습자와 선생님들로부터 아낌없는 찬사와 성원을 받아왔습니다. 차이나로 중국어 연구소는 이에 만족하지 않고 한 걸음 더 나아가 지난 20여 년간의 현장 강의 노하우와 교수 경험을 바탕으로 『차이나로 중국어회화』를 새롭게 출간하였습니다.

개정판 **차이나로 중국어 회화** 시리즈는 중국어 학습자와 교수자의 요구에 최적화된 교재로, 중국어 회화를 "쉽게, 재미있게, 신나게, 확실하게, 생생하게, 자신있게" 구사할 수 있도록 철저히 학습 환경 위주의 구성과 편집에 포커스를 맞추었다고 단언합니다.

본 교재는 초급 학습자가 보다 **신나게** 중국어 실력을 다질 수 있도록 구성하였습니다. 한국에서 중국으로 유학을 떠난 평범한 주인공과 그녀의 친구들을 캐릭터로 등장시켜, **본문**에서는 중국 현지 상황에 맞는 실전회화를 익힐 수 있도록 하였고, **영미의 일기**에서는 자신의 생각을 중국어로 쓸 수 있도록 일기 형식의 단문 독해를 제공하였습니다. **어법 포인트**에서는 필수적인 어법 요소들을 자세히 설명하였으며, **듣기훈련**과 **연습문제**를 통해 청취와 표현 능력을 향상할 수 있도록 하였습니다.

본 회화 시리즈의 **초급편**이 여러분의 중국어 학습을 성공적으로 이끄는 길라잡이가 되길 기대합니다.

2014년 2월
차이나로 중국어 연구소
孙茂玉 (쑨마오위)

차례

머리말 3
이 책의 활용법 6

01 欢迎 환영   9

02 租房子 세 얻기   19

03 坐车 차 타기   29

04 在餐厅 식당에서   39

05 爱好 취미   49

06 谈天气 날씨 이야기   59

07 买票 표 사기   69

08 住宾馆 호텔 숙박   79

09 买礼物 선물 사기   89

부록 93

이 책의 활용법

课文 본문

그림을 통해 대화 내용을 연상할 수 있도록 하여, 실전에 사용할 수 있는 중국어 회화 표현을 신나게 익힐 수 있도록 하였습니다.

  **生词** 새로운 단어

본문에 등장한 새로운 어휘들로 구성하였습니다.

 영미의 일기

짧은 글을 읽고 이해할 수 있을 뿐만 아니라, 자신의 생각을 중국어로 쓸 수 있도록 일기 형식의 단문 독해로 구성하였습니다.

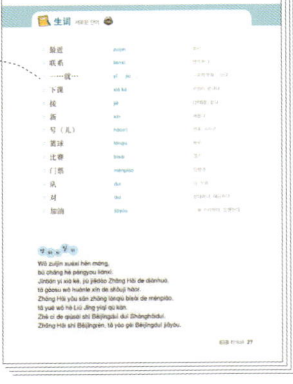

 **生词** 새로운 단어

영미의 일기에 등장한 새로운 어휘들로 구성하였습니다.

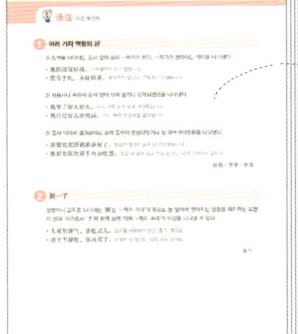

语法 어법 포인트

초급 단계에서 꼭 알아두어야 할 어법 포인트들을 정리하여 학습자가 정확한 문장을 구사할 수 있도록 하였습니다.

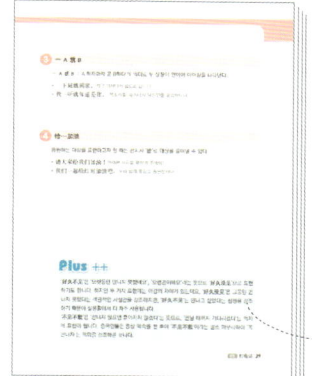

Plus++ 플러스

알아두면 더 재미있는 중국어 표현 상식을 간단히 소개하여 중국의 언어 문화에 대한 이해를 도울 수 있도록 하였습니다.

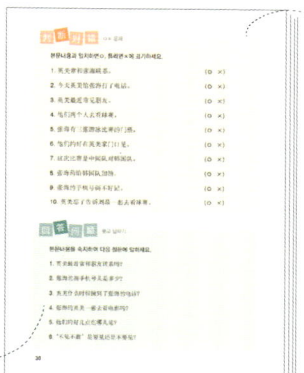

判断对错 OX 문제

본문과 영미의 일기를 통해 숙지한 내용을 간단한 중국어 문장의 정오 판단을 통해 반복 학습할 수 있도록 하였습니다.

回答问题 묻고 답하기

본문 내용과 관련된 질문들을 통해 학습자가 자신의 생각을 중국어로 표현할 수 있도록 하였습니다.

听力 듣기훈련

상황별 회화 및 간단한 문장을 통해 청취능력을 향상 시킬 수 있도록 하였습니다.

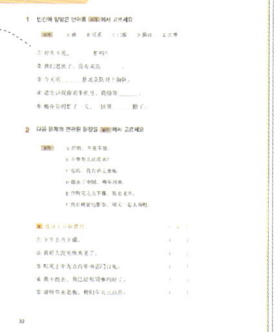

练习 연습문제

학습한 중국어 어휘를 다양하게 활용할 수 있는 문제들과 함께 문장의 전후 관계를 파악하는 연습을 통해 대화를 이어가는 실력을 기를 수 있도록 하였습니다.

7

※ 여러분의 중국어 학습을 도와줄 친구들을 소개합니다.

李英美
Lǐ Yīngměi

张海
Zhāng Hǎi

刘晶
Liú Jīng

李英美 한국인, 한국에서 2년간 일한 후, 베이징에 와서 열심히 중국어를 공부한다.

张 海 중국인, 한국 유학 중에 영미를 알게 되어, 함께 중국어와 한국어를 공부하였다. 현재 베이징에서 근무 중이다.

刘 晶 중국인, 영미의 중국어 과외 선생님으로 칭화 대학 대학원생이다.

01

欢迎
Huānyíng

환영

 课文 본문

英美第一次来北京，张海来机场接她。
Yīngměi dìyī cì lái Běijīng, Zhāng Hǎi lái jīchǎng jiē tā.

张海 欢迎你来中国。
Huānyíng nǐ lái Zhōngguó.

英美 谢谢你来接我。
Xièxie nǐ lái jiē wǒ.

张海 路上辛苦了。累不累?
Lùshang xīnkǔ le. Lèi bu lèi?

英美 一点儿也不累。
Yìdiǎnr yě bú lèi.

张海 行李呢? 我帮你。
Xíngli ne? Wǒ bāng nǐ.

英美 不好意思。
Bù hǎoyìsi.

张海 第一次来北京觉得怎么样?
Dìyī cì lái Běijīng juéde zěnmeyàng?

英美 太高兴了!
Tài gāoxìng le!

生词 새로운 단어

- 欢迎　　　　huānyíng　　　환영하다
- 第一　　　　dìyī　　　　　맨 처음, 첫 번째
- 接　　　　　jiē　　　　　　마중하다
- 路　　　　　lù　　　　　　길
- 辛苦　　　　xīnkǔ　　　　고생스럽다, 수고롭다
- 行李　　　　xíngli　　　　여행짐
- 帮　　　　　bāng　　　　　돕다
- 不好意思　　bù hǎoyìsi　　미안하다, 난처하다
- 觉得　　　　juéde　　　　…(다)라고 느끼다, …(이)라고 여기다
- 高兴　　　　gāoxìng　　　기쁘다

영미가 베이징에 처음 와서, 장하이가 공항으로 그녀를 마중 왔습니다.

장하이: 중국에 온 걸 환영해.
영　미: 마중 나와줘서 고마워.
장하이: 오느라 고생했어. 피곤하지?
영　미: 조금도 피곤하지 않아.
장하이: 짐은? 내가 도와줄게.
영　미: 미안하네.
장하이: 베이징에 처음 와보니 어때?
영　미: 너무 기뻐!

我是韩国人。

在首尔工作了两年。

半年前，我离开公司学了汉语，

因为我想在中国工作。

张海是中国人，

我们是在韩国认识的。

那时候，他是留学生，我是公司职员。

我们一起学习过韩语和汉语。

生词 새로운 단어

年	nián	년, 해
前	qián	… 전
离开	líkāi	떠나다, 헤어지다
认识	rènshi	(사람, 글자, 길을) 알다
时候	shíhou	때, 시간
留学生	liúxuéshēng	유학생

Wǒ shì Hánguó rén.
Zài Shǒu'ěr gōngzuòle liǎng nián.
Bàn nián qián, wǒ líkāi gōngsī xuéle Hànyǔ,
yīnwèi wǒ xiǎng zài Zhōngguó gōngzuò.
Zhāng Hǎi shì Zhōngguó rén,
wǒmen shì zài Hánguó rènshi de.
Nàshíhou, tā shì liúxuéshēng, wǒ shì gōngsī zhíyuán.
Wǒmen yìqǐ xuéxíguo Hányǔ hé Hànyǔ.

语法 어법 포인트

1 서수 第

서수는 수량사 앞에 '第 dì'를 붙여 표현한다. '처음, 첫 번째'라는 표현은 '第一次 dìyī cì'라고 하고, 두 번째, 세 번째, 네 번째드 '第二次 dì'èr cì', '第三次 dìsān cì', '第四次 dìsì cì' 식으로 표현한다.

- 我第一次看中国电影。 저는 중국 영화를 처음 봅니다.
- 去年来过，这是第二次。 작년에 온 적이 있고, 이번이 두 번째입니다.

2 不好意思

1) '쑥스럽다, …하기가 곤란하다'라는 의미로 쓰인다.

- 喜欢她，可是不好意思说。 그녀를 좋아하지만, 말하기는 쑥스럽습니다.
- 大家都看着我，真不好意思。 모두 저를 보고 있으니 정말 민망합니다.

2) '미안하다, 면목이 없다'는 의미로 '对不起'와 유사하게 쓰인다.

- 不能帮你，真不好意思。 당신을 도울 수 없어, 정말 죄송합니다.
- 不好意思，这是我的行李。 실례합니다만, 이것은 제 짐입니다.

3 시량보어

1) 시량보어는 동사 뒤에서 동작의 지속 시간을 나타내며, (동사 + 목적어) + 동사 + 了 + 시량보어 의 형식으로 해당 시간 동안 동작이 진행되었음을 나타낸다.

- 等车等了二十分钟。 차를 20분 동안 기다렸습니다.
- 吃饭吃了半个小时。 30분 동안 식사를 했습니다.

2) (동사 + 목적어) + 동사 + 了 + 시량보어 + 了 의 형식으로 '지금까지도 …하고 있다'는 지속의 의미를 나타낼 수 있다.

- 看电视看了一天了。 텔레비전을 하루 종일 봅니다.
- 这双运动鞋穿了两年了。 이 운동화는 2년째 신고 있습니다.

> 等 děng 기다리다

4 과거 경험을 나타내는 过

1) '过 guo'는 동사 뒤에 쓰여서 '…한 적이 있다'는 과거의 경험을 나타내며, 이 때 '过'는 경성으로 읽는다. 부정문은 '没(有)'를 사용한다.

A : 你喝过中国葡萄酒吗? 당신은 중국 포도주를 마셔 본 적이 있습니까?
B : 我没喝过。 마셔 본 적이 없습니다.

2) 정반의문문은 문장 끝에 '没有'를 붙이거나 `동사` + `没(有)` + `동사` + `过` +  의 어순으로 만든다.

- 你喝过中国葡萄酒没有? 당신은 중국 포도주를 마셔 본 적이 있습니까 없습니까?
- 你喝没喝过中国葡萄酒? 당신은 중국 포도주를 마셔 본 적이 있습니까 없습니까?

Plus ++

중국어 동사 '认识 rènshi'는 '알다, 이해하다, 인식하다'의 뜻으로 주로 '사람, 글자, 길을 안다'는 의미로 쓰입니다.

认识你很高兴。 알게 되어 반갑습니다.
不认识的字很多。 모르는 글자가 많아요.
他不认识路，怎么开车。 그가 길을 모르는데, 어떻게 운전을 합니까.

判断对错 O× 문제

본문내용과 일치하면 O, 틀리면 ×에 표기하세요.

1. 英美来中国看张海。 (O ×)
2. 张海去机场接英美。 (O ×)
3. 英美是第二次来北京的。 (O ×)
4. 张海和英美是同事。 (O ×)
5. 英美在韩国学过汉语。 (O ×)
6. 张海教英美韩语了。 (O ×)
7. 英美现在是公司职员。 (O ×)
8. 英美是中国人，张海是韩国人。 (O ×)
9. 英美很辛苦，一点儿也不高兴。 (O ×)
10. 英美和张海是在北京认识的。 (O ×)

回答问题 묻고 답하기

본문내용을 숙지하여 다음 질문에 답하세요.

1. 英美是从哪儿来的?
2. 英美现在在中国工作吗?
3. 英美经常来北京吗?
4. 英美为什么离开了公司?
5. 张海去过韩国吗?
6. 他们是在哪儿认识的?

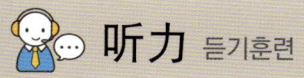 **听力** 듣기훈련

第一部分 대화를 듣고 질문에 알맞은 답을 고르세요.

1. A 爸爸接她　　B 妈妈接她　　C 没人接她

2. A 第一次　　　B 第二次　　　C 没来过

3. A 回家　　　　B 机场　　　　C 男的家

4. A 职员　　　　B 老师　　　　C 留学生

5. A 旅游认识的　B 留学认识的　C 工作认识的

第二部分 문장을 듣고 질문에 알맞은 답을 고르세요.

1. A 半年前　　　B 一年前　　　C 两年前

2. A 医生　　　　B 老师　　　　C 职员

3. A 工作不累　　B 工作辛苦　　C 想离开公司

4. A 很辛苦　　　B 太高兴了　　C 不好意思

5. A 不知道　　　B 很想离开　　C 不想离开

练习 연습문제

1 빈칸에 알맞은 단어를 보기 에서 고르세요.

> 보기   A 离开   B 高兴   C 辛苦   D 第一次   E 认识

① 我没来过北京，这是_____。

② 姐姐_____公司，现在在学校教书。

③ 我_____他已经两年了。

④ 谢谢你们来看我，我太_____了！

⑤ 大热天在外面工作真_____。

2 다음 문제와 연관된 문장을 보기 에서 고르세요.

> 보기
> A. 我觉得北京很好。
> B. 你们是什么时候认识的?
> C. 欢迎你来北京。
> D. 你在哪儿工作?
> E. 我是去年来韩国的。
> F. 你会说汉语吗?

예 谢谢你来接我。　　　　　　　　　　(C)

① 我会说一点儿。　　　　　　　　　　(   )

② 你是什么时候来韩国的?　　　　　　(   )

③ 第一次来北京觉得怎么样?　　　　　(   )

④ 我们是去年认识的。　　　　　　　　(   )

⑤ 我现在在中国银行工作。　　　　　　(   )

02

租房子
Zū fángzi

세 얻기

课文 본문

英美要租房子，张海带她一起去看看。
Yīngměi yào zū fángzi, Zhāng Hǎi dài tā yìqǐ qù kànkan.

张海　　这房子怎么样?
　　　　Zhè fángzi zěnmeyàng?

英美　　很干净。
　　　　Hěn gānjìng

张海　　客厅、厨房，这儿是卫生间。
　　　　Kètīng、chúfáng, zhèr shì wèishēngjiān.

英美　　这么好的条件一定很贵吧。
　　　　Zhème hǎo de tiáojiàn yídìng hěn guì ba.

张海　　一个月三千元，比以前贵多了。
　　　　Yí ge yuè sānqiān yuán, bǐ yǐqián guì duō le.

英美　　那也比首尔便宜。我租了。
　　　　Nà yě bǐ Shǒu'ěr piányi. Wǒ zū le.

张海　　好，我带你去见房东。
　　　　Hǎo, wǒ dài nǐ qù jiàn fángdōng.

英美　　麻烦你了。
　　　　Máfan nǐ le.

生词 새로운 단어

☐ 租	zū	임대하다
☐ 房子	fángzi	집
☐ 带	dài	이끌다, 인도하다
☐ 干净	gānjìng	깨끗하다
☐ 客厅	kètīng	거실
☐ 卫生间	wèishēngjiān	화장실
☐ 这么	zhème	이렇게
☐ 条件	tiáojiàn	조건
☐ 一定	yídìng	반드시
☐ 吧	ba	추측 어기조사
☐ 以前	yǐqián	이전
☐ 房东	fángdōng	집주인
☐ 麻烦	máfan	번거롭다, 폐를 끼치다

영미가 세를 얻으려 해서, 장하이가 그녀를 데리고 같이 좀 보러 갔습니다.

장하이: 이 집 어때?
영 미: 깨끗하네.
장하이: 거실, 주방, 여기는 화장실이야.
영 미: 이렇게 좋은 조건이면 분명 비쌀 거야.
장하이: 방값은 한 달에 3000위안이야, 예전보다 많이 비싸졌지.
영 미: 그래도 서울보다는 싸네. 나 세 얻을래.
장하이: 좋아, 내가 집주인을 만나게 해줄게.
영 미: 신세 좀 질게.

我不喜欢住宿舍,

张海帮我找了房子。

这是一个五十平方米的公寓。

有卧室、客厅、厨房和洗手间。

租金不贵,一个月才三千元。

更主要的是,

房东太太非常热情。

我很满意,决定住这儿了。

 生词 새로운 단어

宿舍	sùshè	기숙사
找	zhǎo	찾다, 구하다
平方米	píngfāngmǐ	제곱미터
公寓	gōngyù	아파트
卧室	wòshì	침실
洗手间	xǐshǒujiān	화장실
租金	zūjīn	임대료
才	cái	겨우
更	gèng	더욱
主要	zhǔyào	주요하다
太太	tàitai	부인 (기혼 여성에 대한 존칭)
热情	rèqíng	친절하다
满意	mǎnyì	만족하다
决定	juédìng	결정하다

Wǒ bù xǐhuan zhù sùshè,
Zhāng Hǎi bāng wǒ zhǎole fángzi.
Zhè shì yí ge wǔshí píngfāngmǐ de gōngyù.
Yǒu wòshì、kètīng、chúfáng hé xǐshǒujiān.
Zūjīn bú guì, yí ge yuè cái sānqiān yuán.
Gèng zhǔyào de shì,
fángdōng tàitai fēicháng rèqíng.
Wǒ hěn mǎnyì, juédìng zhù zhèr le.

语法 어법 포인트

1 동사중첩

동사를 중첩하면 '좀 …하다, 시험 삼아 …해보다'라는 의미가 되어 가벼운 어감을 나타낸다.

1) 단음절 동사의 중첩형식은 A一A, AA 등을 사용한다. AA 형식으로 중첩한 경우 두 번째 음절은 경성으로 읽는다.

- 我想尝一尝咸不咸。 잔지 안 짠지 맛을 좀 보고 싶습니다.
- 我想想晚上做什么菜。 저녁에 무슨 요리를 할지 생각 좀 하겠습니다.

2) 2음절 동사의 중첩형식은 AAB, ABAB 등을 쓰며, AB一AB의 형식은 쓰지 않는다.

- 我和奶奶出去散散步。 저는 할머니와 나가서 산책을 좀 하겠습니다.
- 别睡了,起来运动运动吧。 자지 말고, 일어나서 운동 좀 하세요.

尝 cháng 맛보다

2 추측의 어기조사 吧

어기조사 '吧 ba'는 자주 쓰기는 독촉이나 권유의 의미 외에도 추측의 의미를 나타낼 수 있다.

- 他会游泳吧。 그는 수영을 할 줄 알 것입니다.
- 明天没时间看电影吧。 내일은 영화 볼 시간이 없을 것입니다.

3 부사 才

'才 cái'는 범위나 수량을 나타내는 표현과 함께 쓰여 수량의 적음을 나타내며 '겨우'라는 의미가 된다.

- 现在才六点。 지금은 겨우 6시입니다.
- 我才吃了一个。 저는 겨우 한 개 먹었습니다.

4 麻烦

'麻烦 máfan'은 '번거롭게 하다, 폐를 끼치다'의 의미지만, '죄송하다, 실례하다, 부탁하다'의 어감을 나타내기도 한다.

- 昨天真麻烦你了。 어제 정말 폐를 많이 끼쳤습니다.
- 麻烦你，关一下空调吧。 번거로우시겠지만 에어컨 좀 꺼주세요.

5 对…满意

'满意 mǎnyì'는 '만족하다'라는 의미의 형용사로 목적어를 가질 수 없다. 만족 혹은 불만족의 대상을 표현하고자 할 때는 '对…(不)满意'의 형식을 사용한다.

- 您对什么不满意？ 당신은 무엇이 불만입니까?
- 我对现在的工作很满意。 저는 현재 일에 만족하고 있습니다.

对 duì …에 대하여

Plus ++

도량형의 표준화에 따라 우리나라는 면적을 표시할 때 '제곱미터(㎡)'를 사용하고 있지만, 일반적으로는 '평'으로 표현하며 1평을 약 3.3㎡로 계산합니다. 하지만 중국에서는 오래 전부터 건물의 면적을 '제곱미터(㎡)'로 계산해왔으며 '제곱미터'는 중국어로 '平方米'라고 합니다. '평방미터'는 '제곱미터'의 옛날 표현이므로 공식적인 경우에는 '제곱미터'라고 읽는 것이 좋습니다.

判断对错 O× 문제

본문내용과 일치하면 O, 틀리면 ×에 표기하세요.

1. 英美想在北京买房子。　　　　　　　　　　　(O ×)

2. 英美住宿舍，不住外边儿。　　　　　　　　　(O ×)

3. 英美上网找的房子。　　　　　　　　　　　　(O ×)

4. 公寓的租金一年三千元。　　　　　　　　　　(O ×)

5. 这公寓比首尔的贵多了。　　　　　　　　　　(O ×)

6. 公寓里没有客厅。　　　　　　　　　　　　　(O ×)

7. 房东太太很不热情。　　　　　　　　　　　　(O ×)

8. 英美和房东太太一起住。　　　　　　　　　　(O ×)

9. 英美对这公寓很满意。　　　　　　　　　　　(O ×)

10. 英美还没决定住不住这儿。　　　　　　　　　(O ×)

回答问题 듣고 답하기

본문내용을 숙지하여 다음 질문에 답하세요.

1. 这公寓多大?

2. 公寓里有卧室还有什么?

3. 这公寓干不干净?

4. 这公寓的条件怎么样?

5. 英美为什么要租房子?

6. 这里的房东怎么样?

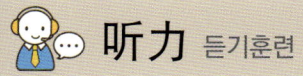

听力 듣기훈련

第一部分 대화를 듣고 질문에 알맞은 답을 고르세요.

1. A 租房子   B 住宿舍   C 美国留学
2. A 贵的   B 大的   C 干净的
3. A 卧室   B 客厅   C 洗手间
4. A 房东   B 房子   C 租金
5. A 买房子   B 找宿舍   C 租房子

第二部分 문장을 듣고 질문에 알맞은 답을 고르세요.

1. A 不干净   B 很干净   C 非常干净
2. A 租金贵不贵   B 房东热不热情   C 房子干不干净
3. A 不远   B 很远   C 非常远
4. A 住宿舍   B 住学校附近   C 住医院附近
5. A 都很热情   B 现在的房东   C 以前的房东

练习 연습문제

1 빈칸에 알맞은 단어를 보기에서 고르세요.

> 보기　　A 租金　　B 热情　　C 洗手间　　D 主要　　E 以前

① 房东太太七十岁　她很_____。

② 这里离地铁站很近，但是_____有点儿贵。

③ 请问，卧室里有_____吗?

④ 你儿子比_____高多了。

⑤ 我来中国_____是想学汉语。

2 다음 문제와 연관된 문장을 보기에서 고르세요.

> 보기　A. 你觉得这房子怎么样?
> 　　　B. 不贵，一个月三千元。
> 　　　C. 卫生间在卧室旁边儿。
> 　　　D. 房东在哪儿?
> 　　　E. 小一点儿的安静的房子。
> 　　　F. 有两个卧室。

예　这么好的条件，一定很贵吧?　　　　　(B)

① 我很满意。　　　　　　　　　　　　　(　　)

② 你想租什么房子?　　　　　　　　　　(　　)

③ 我带你去见房东。　　　　　　　　　　(　　)

④ 这房子有几个卧室?　　　　　　　　　(　　)

⑤ 这是厨房、客厅，卫生间呢?　　　　　(　　)

03

坐车
Zuò chē
차 타기

课文 본문

从英美家到清华大学，交通很方便。
Cóng Yīngměi jiā dào Qīnghuá Dàxué, jiāotōng hěn fāngbiàn.

英美　　去清华大学怎么走？
　　　　Qù Qīnghuá Dàxué zěnme zǒu?

张海　　附近有地铁站和公共汽车站。
　　　　Fùjìn yǒu dìtiě zhàn hé gōnggòng qìchē zhàn.

英美　　交通真方便。
　　　　Jiāotōng zhēn fāngbiàn.

张海　　地铁要换乘，咱们坐公共汽车吧。
　　　　Dìtiě yào huànchéng, zánmen zuò gōnggòng qìchē ba.

英美　　好，坐几路车？
　　　　Hǎo, zuò jǐ lù chē?

张海　　坐108路。
　　　　Zuò yāo líng bā lù.

英美　　要换车吗？
　　　　Yào huàn chē ma?

张海　　不用，坐七八站就到了。
　　　　Búyòng, zuò qī bā zhàn jiù dào le.

生词 새로운 단어

- 清华大学　　Qīnghuá Dàxué　　칭화 대학
- 交通　　　　jiāotōng　　　　　교통
- 方便　　　　fāngbiàn　　　　　편리하다
- 站　　　　　zhàn　　　　　　　정거장, 역
- 换乘　　　　huànchéng　　　　(차를) 갈아타다
- 咱们　　　　zánmen　　　　　　우리(들)
- 路　　　　　lù　　　　　　　　노선
- 换　　　　　huàn　　　　　　　바꾸다, 교체하다
- 不用　　　　búyòng　　　　　　…할 필요가 없다
- 就　　　　　jiù　　　　　　　　곧

영미의 집에서 칭화 대학까지는 교통이 편리합니다.

영　미: 칭화 대학은 어떻게 가?
장하이: 근처에 지하철역과 버스정류장이 있어.
영　미: 교통이 정말 편리하네.
장하이: 지하철은 갈아타야 하니까, 우리 버스 타자.
영　미: 좋아. 몇 번 버스 타?
장하이: 108번 타.
영　미: 갈아타야 해?
장하이: 그럴 필요 없어, 일고여덟 정류장이면 도착해.

来北京的第二天，

张海带我去清华大学报名。

我家离清华大学不远，

坐地铁或者公共汽车都能到。

出租车最方便，

可是路上太堵，不行。

我们坐公共汽车到清华报了名。

现在我是汉语班的学生了。

生词 새로운 단어

第二天	dì'èr tiān	이튿날
报名	bào míng	신청하다, 등록하다
或者	huòzhě	혹은
可是	kěshì	그러나, 하지만
堵	dǔ	막히다
行	xíng	좋다, 괜찮다
班	bān	반, 그룹

Lái Běijīng de dì'èr tiān,
Zhāng Hǎi dài wǒ qù Qīnghuá Dàxué bào míng.
Wǒ jiā lí Qīnghuá Dàxué bù yuǎn,
zuò dìtiě huòzhě gōnggòng qìchē dōu néng dào.
Chūzūchē zuì fāngbiàn,
kěshì lùshang tài dǔ, bù xíng.
Wǒmen zuò gōnggòng qìchē dào Qīnghuá bàole míng.
Xiànzài wǒ shì Hànyǔ bān de xuésheng le.

语法 어법 포인트

1 어림수

중국어에서는 연접한 숫자를 나열하여 어림수를 표현하기도 한다.

- 要坐四五站。 네다섯 정거장을 타야합니다.
- 等两三分钟吧。 이삼분 기다리세요.

2 就와 才

1) 就와 才는 시간사와 함께 쓰여 예상보다 시간이 이르거나 늦음을 나타낸다.

- 八点上课，她七点就来了。 8시 수업인데, 그녀는 7시에 (벌써) 왔습니다.
- 八点上课，她九点才来。 8시 수업인데, 그녀는 9시에야 (겨우) 왔습니다.

2) 就와 才는 수량사와 함께 쓰여 예상보다 수량이 적거나 많음을 나타낸다.

- 坐七八站就到了。 일고여덟 정거장만 타면 도착합니다.
- 坐七八站才到呢。 일고여덟 정거장은 타야 도착합니다.

到 dào 도착하다

3 A 或者 B

'或者'는 선택을 나타내는 접속사로, 'A 아니면 B이다, A 혹은 B이다'라는 뜻을 나타내며 일반적으로 평서문에 쓰이고 의문문에는 쓰지 않는다.

- 今天或者明天去。 오늘 아니면 내일 갑니다.
- 你去或者我去都行。 당신이 가든 혹은 제가 가든 다 괜찮습니다.

4 변화를 나타내는 어기조사 了

문장 끝에 '了'를 붙여 상황이나 상태의 변화를 나타낼 수 있다.

- 小王做爸爸了。 샤오왕이 아빠가 되었습니다.
- 妹妹这次考上大学了。 여동생이 이번에 대학교에 들어갔습니다.

> 小王 Xiǎo Wǎng (名) 샤오왕   考上 kǎoshàng 합격하다

5 전치사 离

'离 lí'는 공간적·시간적 거리의 기준점이 되는 장소·시간 명사 앞에 쓰여 그 사이의 간격을 나타낸다.

- 我家离学校不远。 우리 집은 학교에서 멀지 않습니다.
- 离下课还有十分钟。 수업이 끝나려면 아직 10분 남았습니다.

도로에서 정해진 노선을 돌며 승객을 태우는 버스는 중국어로 '公共汽车 gōnggòng qìchē'라고 하지만, 중국사람들은 발음의 편의를 위해 '公交车 gōngjiāochē' 혹은 '巴士 bāshì'라는 표현을 많이 사용합니다. 대만에서는 '公车 gōngchē'라고 부르기도 하며, 홍콩과 마카오에서는 영어 'BUS'의 음역인 '巴士 bāshì'를 주로 사용합니다.

判断对错 O× 문제

본문내용과 일치하면 O, 틀리면 ×에 표기하세요.

1. 英美家附近没有车站。　　　　　　　　　　　（O　×）
2. 英美来北京第一天就去了清华大学。　　　　　（O　×）
3. 英美知道怎么去清华大学。　　　　　　　　　（O　×）
4. 坐公共汽车要换乘。　　　　　　　　　　　　（O　×）
5. 英美家离清华大学非常远。　　　　　　　　　（O　×）
6. 去清华大学坐出租车最方便。　　　　　　　　（O　×）
7. 去清华大学要坐10路车。　　　　　　　　　 （O　×）
8. 英美一个人去清华大学报名了。　　　　　　　（O　×）
9. 坐公共汽车要四五站。　　　　　　　　　　　（O　×）
10. 英美在清华大学工作。　　　　　　　　　　　（O　×）

回答问题 묻고 답하기

본문내용을 숙지하여 다음 질문에 답하세요.

1. 英美什么时候去了清华大学?
2. 英美去清华大学干什么?
3. 从英美家到清华大学要坐什么车?
4. 他们为什么不坐出租车去?
5. 他们坐几路车去的? 坐了几站?
6. 英美在清华大学学什么?

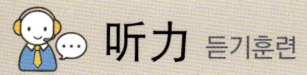
듣기훈련

第一部分 대화를 듣고 질문에 알맞은 답을 고르세요. 🎧17

1. A 咖啡　　　　B 红茶　　　　C 都没关系
2. A 离机场远　　B 交通方便　　C 坐车麻烦
3. A 明天　　　　B 后天　　　　C 还没决定
4. A 坐车去　　　B 骑车去　　　C 走路去
5. A 开车接女的　B 带女的一起去　C 他家就在附近

第二部分 문장을 듣고 질문에 알맞은 답을 고르세요. 🎧18

1. A 晚上八九点　B 下班时间　　C 周末下午
2. A 上网买东西　B 附近有超市　C 地铁换乘
3. A 骑车　　　　B 换车　　　　C 开车
4. A 朋友家　　　B 房东家　　　C 学校宿舍
5. A 第一天　　　B 第二天　　　C 第三天

练习 연습문제

1 빈칸에 알맞은 단어를 보기 에서 고르세요.

> 보기　　A 报名　　B 换乘　　C 方便　　D 堵　　E 或者

① 这附近有车站，交通很_____。

② 我家离学校很近 坐车_____走路都能到。-

③ 我们坐公共汽车更快，坐地铁要_____。

④ 现在是上班时间，路上太_____了。

⑤ 现在学汉语的人很多，你要早点儿_____。

2 다음 문제와 연관된 문장을 보기 에서 고르세요.

> 보기　A. 坐地铁或者公共汽车都很方便。
> 　　　B. 你坐108路就到了。
> 　　　C. 坐地铁快还是坐公共汽车快?
> 　　　D. 到北京大学要换乘吗?
> 　　　E. 我们坐出租车吧。
> 　　　F. 我来北京第二天就去了。

예 请问，东四医院怎么走?　　　　　　(B)

① 下班时间坐地铁更快。　　　　　　　(　)

② 不用换乘，二十分钟就到了。　　　　(　)

③ 你上班交通方便吗?　　　　　　　　(　)

④ 你什么时候去报名?　　　　　　　　(　)

⑤ 我们坐地铁还是出租车?　　　　　　(　)

04

在餐厅
Zài cāntīng
식당에서

课文 본문

英美和张海来到餐厅，服务员送来菜单。
Yīngměi hé Zhāng Hǎi láidào cāntīng, fúwùyuán sònglái càidān.

服务员 请问，几位？
Qǐngwèn, jǐ wèi?

张 海 两个人。
Liǎng ge rén.

服务员 这边请。给您菜单。
Zhèbian qǐng. Gěi nín càidān.

张 海 这家餐厅味道很好，我常来。
Zhè jiā cāntīng wèidao hěn hǎo, wǒ cháng lái.

英 美 我看不懂菜单，你来点吧。
Wǒ kàn bu dǒng càidān, nǐ lái diǎn ba.

张 海 这里的拿手菜是四川火锅。
Zhèlǐ de náshǒu cài shì Sìchuān huǒguō.

英 美 听是听过，可是从来没吃过。
Tīng shì tīngguo, kěshì cónglái méi chīguo.

张 海 今天你就尝尝吧。
Jīntiān nǐ jiù chángchang ba.

40

生词  새로운 단어

服务员	fúwùyuán	종업원
送	sòng	보내다
位	wèi	사람을 세는 존칭 단위
请	qǐng	어떤 일을 권할 때 쓰는 경어
菜单	càidān	메뉴
家	jiā	가게, 기업 등을 세는 단위
味道	wèidao	맛
懂	dǒng	알다, 이해하다
这里	zhèlǐ	이곳, 여기
拿手	náshǒu	뛰어나다, 자신 있다
火锅	huǒguō	훠궈, 샤브샤브
从来	cónglái	지금까지, 여태껏
尝	cháng	맛보다

영미와 장하이가 식당에 도착하자, 종업원이 메뉴판을 가져옵니다.

점 원: 실례지만, 몇 분이세요?
영 미: 두 명이요.
점 원: 이쪽으로 모실게요. 메뉴판입니다.
장하이: 이 식당 음식이 맛있어서, 난 자주 와.
영 미: 난 메뉴판 봐도 몰라, 네가 주문 해.
장하이: 이곳의 대표 요리는 쓰촨 훠궈야.
영 미: 들어보긴 했는데, 여태껏 먹어 본 적은 없어.
장하이: 오늘 맛 좀 봐.

我们来到一家中国餐厅，

这儿的客人真多，生意不错。

张海点了四川火锅，

还点了燕京啤酒和汽水。

火锅的味道不错。

羊肉又香又嫩，只是有点儿辣。

张海非常喜欢吃香菜，

我觉得味道很奇怪，吃不惯。

生词 새로운 단어

□ 客人	kèrén	손님
□ 不错	búcuò	괜찮다, 좋다
□ 还	hái	또, 더
□ 燕京	Yānjīng	(地) 옌징 (베이징의 옛 이름)
□ 汽水	qìshuǐ	사이다
□ 羊肉	yángròu	양고기
□ 又…又…	yòu… yòu…	…하기도 하고 …하기도 하다
□ 香	xiāng	맛있다
□ 嫩	nèn	부드럽다
□ 只是	zhǐshì	단지 …일 뿐이다
□ 香菜	xiāngcài	고수, 샹차이
□ 奇怪	qíguài	이상하다
□ 吃不惯	chī bu guàn	(음식이) 입에 맞지 않다

Wǒmen láidào yì jiā Zhōngguó cāntīng,
zhèr de kèrén zhēn duō, shēngyi búcuò.
Zhāng Hǎi diǎnle Sìchuān huǒguō,
hái diǎnle Yānjīng Píjiǔ hé qìshuǐ.
Huǒguō de wèidao búcuò.
Yángròu yòu xiāng yòu nèn, zhǐshì yǒu diǎnr là.
Zhāng Hǎi fēicháng xǐhuan chī xiāngcài,
wǒ juéde wèidao hěn qíguài, chī bu guàn.

语法 어법 포인트

1 가능보어

동사와 결과보어 사이에 구조조사 '得'나 부정부사 '不'를 사용하면 동사의 가능이나 불가능을 표현할 수 있다. 일반적으로 부정형이 긍정형보다 많이 쓰인다.

- 我们现在离不开手机。 우리는 지금 핸드폰을 떠날 수가 없습니다.
- 你们在这里说话都听得到。 당신들이 여기에서 이야기하면 다 들립니다.

긍정형	부정형
看得懂 알아볼 수 있다 (보고 이해가 된다)	看不懂 알아볼 수 없다 (봐도 이해가 안 된다)
听得见 들을 수 있다 (들린다)	听不见 들을 수 없다 (들리지 않는다)

2 来 + 동사

'来'가 동사 앞에 놓이면 적극적으로 어떤 일을 하려고 하거나, 상대방에게 어떤 행동을 하게 하는 어감을 나타낼 수 있다.

- 我来帮你。 제가 도와드리겠습니다.
- 你来介绍一下。 소개 좀 부탁드립니다.

> 介绍 jièshào 소개하다

3 A 是 A, 可是 B

'A하기는 하지만, B하다'라는 의미를 나타낸다. A에는 동사나 형용사가 올 수 있다.

- 好是好，可是太贵了。 좋긴 좋지만, 너무 비쌉니다.
- 牛奶有是有，可是不多。 우유가 있기는 하지만, 많지 않습니다.

4 从来

부사 '从来 cónglái'는 从来 + 没 + 동사 + 过 의 형식으로 쓰여 '여태껏 …한 적이 없다'라는 의미로 주로 경험의 부정을 강조한다.

- 从来没说过不吃。여태껏 안 먹는다는 말을 한 적이 없습니다.
- 从来没听过韩国歌儿。지금껏 한국 노래를 들은 적이 없습니다.

5 又 A 又 B

'又 yòu'는 형용사 혹은 동사와 '又 A 又 B' 형식으로 쓰여 '…하기도 하고 …하기도 하다'라는 동시적 상황을 나타낼 수 있다.

- 今天的菜又咸又辣。오늘의 요리는 짜고 맵습니다.
- 这里又有山又有水。이곳은 산도 있고 물도 있습니다.

Plus ++

중국어의 가능보어를 활용하면 단순한 가능·불가능의 표현 뿐만 아니라, 여러 가지 원인이나 상황에 따른 결과를 다양하게 표현할 수 있습니다. '먹을 수 없다'를 예로 들면, 음식이 낯설고 입에 맞지 않아 먹을 수 없거나 배가 불러서 더 이상 먹을 수 없는 등 여러 가지 경우가 있을 수 있겠죠? 이런 경우에 가능보어를 활용하면 간단하게 표현할 수 있습니다.

没有，吃不着。없어서 먹을 수가 없습니다.
太贵，吃不起。비싸서 사먹을 수가 없습니다.
太多，吃不了。많아서 다 먹을 수가 없습니다.
太饱，吃不下。배가 불러서 더 이상 먹을 수가 없습니다.

判断对错 O× 문제

본문내용과 일치하면 O, 틀리면 ×에 표기하세요.

1. 他们今天去了日本餐厅。 (O ×)
2. 这餐厅没有客人，生意不好。 (O ×)
3. 英美看得懂中国菜单。 (O ×)
4. 这里的拿手菜是北京烤鸭。 (O ×)
5. 英美第一次吃四川火锅。 (O ×)
6. 他们喝啤酒，不喝汽水。 (O ×)
7. 英美觉得中国啤酒的味道很奇怪。 (O ×)
8. 火锅的味道不错，只是太贵。 (O ×)
9. 英美觉得这家的火锅不怎么样。 (O ×)
10. 英美吃得惯中国的香菜。 (O ×)

回答问题 묻고 답하기

본문내용을 숙지하여 다음 질문에 답하세요.

1. 这家餐厅的拿手菜是什么?
2. 英美为什么不点菜?
3. 这家餐厅怎么样?
4. 英美吃没吃过四川火锅?
5. 他们点了什么喝的?
6. 火锅里的羊肉怎么样?

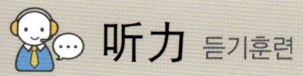

听力 듣기훈련

第一部分 대화를 듣고 질문에 알맞은 답을 고르세요.

1. A 火锅　　　　B 啤酒　　　　　C 汽水
2. A 经常做　　　B 没做过　　　　C 已经做过
3. A 服务员　　　B 客人　　　　　C 房东
4. A 又香又嫩　　B 又多又好吃　　C 又好吃又便宜
5. A 看菜单点菜　B 帮女的做菜　　C 尝尝女的拿手菜

第二部分 문장을 듣고 질문에 알맞은 답을 고르세요.

1. A 颜色不好　　B 颜色漂亮　　　C 有点儿大
2. A 很好喝　　　B 喝不惯　　　　C 还没喝过
3. A 服务员　　　B 女房东　　　　C 男房东
4. A 羊肉　　　　B 香菜　　　　　C 中国菜
5. A 坐地铁去　　B 骑车去　　　　C 走路去

04 在餐厅 47

练习 연습문제

1 빈칸에 알맞은 단어를 보기 에서 고르세요.

> 보기　　A 服务员　　B 吃不惯　　C 拿手　　D 生意　　E 菜单

① 这里的_____都会说英语。

② 这家餐厅客人多，_____不错。

③ 你来尝尝我的_____菜吧。

④ 味道很奇怪，我_____。

⑤ 我们要点菜，请给我_____。

2 다음 문제와 연관된 문장을 보기 에서 고르세요.

> 보기　A. 你吃过中国的羊肉吗？
> 　　　B. 四川菜辣，我喜欢吃辣的。
> 　　　C. 我看不懂菜单，你点吧。
> 　　　D. 你常来这里吃吗？
> 　　　E. 我不能喝啤酒，我喝汽水。
> 　　　F. 火锅是这家的拿手菜。

예　我喝燕京啤酒，你呢？　　　　　　　　（ E ）

① 你来点菜吧。　　　　　　　　　　　　　（　　）

② 你爱吃四川菜吗？　　　　　　　　　　　（　　）

③ 常来，这家菜又多又好吃。　　　　　　　（　　）

④ 从来没吃过，我想尝尝。　　　　　　　　（　　）

⑤ 这家餐厅的拿手菜是什么？　　　　　　　（　　）

05

爱好
Àihào

취미

课文 본문

英美和她的汉语辅导老师刘晶在谈她们的爱好。
Yīngměi hé tā de Hànyǔ fǔdǎo lǎoshī Liú Jīng zài tán tāmen de àihào.

刘晶 你的爱好是什么？
Nǐ de àihào shì shénme?

英美 瑜伽、爬山、旅游。
Yújiā、pá shān、lǚyóu.

刘晶 你来北京都去过哪儿？
Nǐ lái Běijīng dōu qùguo nǎr?

英美 名胜古迹几乎都去过。
Míngshèng gǔjì jīhū dōu qùguo.

刘晶 听说韩国人爱去健身房。
Tīng shuō Hánguó rén ài qù jiànshēnfáng.

英美 对，我在韩国的时候也常去。
Duì, wǒ zài Hánguó de shíhou yě cháng qù.

刘晶 我喜欢看电影，你呢？
Wǒ xǐhuan kàn diànyǐng, nǐ ne?

英美 我也喜欢，可是在中国没看过。
Wǒ yě xǐhuan, kěshì zài Zhōngguó méi kànguo.

生词 새로운 단어

☐ 辅导	fǔdǎo	도우며 지도하다
☐ 谈	tán	말하다, 이야기하다
☐ 爱好	àihào	취미
☐ 瑜伽	yújiā	요가
☐ 名胜古迹	míngshèng gǔjì	명승고적
☐ 几乎	jīhū	거의, 모두
☐ 听说	tīng shuō	듣자하니
☐ 健身房	jiànshēnfáng	헬스클럽
☐ 对	duì	맞다, 옳다

영미는 그녀의 중국어 과외 선생님인 리우징과 취미를 이야기하고 있습니다.

리우징: 네 취미는 뭐야?
영 미: 요가, 등산, 여행이야.
리우징: 베이징에 와서 어디어디 가 봤니?
영 미: 명승고적은 거의 다 가봤어.
리우징: 듣자하니 한국 사람들은 헬스장을 즐겨 다닌다더라.
영 미: 맞아. 한국에 있을 때 나도 자주 갔어.
리우징: 나는 영화 보는 걸 좋아하는데, 너는?
영 미: 나도 좋아해, 하지만 중국에서는 본 적 없어.

英美的日记

刘晶是我的汉语辅导老师。

她是清华大学英语系的研究生。

她很聪明，学习很好。

但是爱好不多，只喜欢上网和看电影。

昨天我和刘晶去电影院，

她买了电影票，

我买了可乐和爆米花。

我们觉得这部电影很有意思。

 生词 새로운 단어

系	xì	학과
研究生	yánjiūshēng	대학원생
聪明	cōngming	총명하다, 똑똑하다
但是	dànshì	그러나
只	zhǐ	오직
票	piào	표
爆米花	bàomǐhuā	팝콘
部	bù	영화 등을 세는 단위
有意思	yǒuyìsi	재미있다

Liú Jīng shì wǒ de Hànyǔ fǔdǎo lǎoshī.
Tā shì Qīnghuá Dàxué Yīngyǔ xì de yánjiūshēng.
Tā hěn cōngming, xuéxí hěn hǎo.
Dànshì àihào bù duō, zhǐ xǐhuan shàng wǎng hé kàn diànyǐng.
Zuótiān wǒ hé Liú Jīng qù diànyǐngyuàn,
tā mǎile diànyǐng piào,
wǒ mǎile kělè hé bàomǐhuā.
Wǒmen juéde zhè bù diànyǐng hěn yǒuyìsi.

 **语法** 어법 포인트

1 几乎

'几乎 jīhū'는 '거의'라는 의미로 다른 부사와 함께 쓰일 경우 대개 앞에 위치하며 '都'와 주로 함께 쓰인다.

- 这东西几乎没有人买。 이 물건은 사는 사람이 거의 없습니다.
- 他的衣服几乎都是白色的。 그의 옷은 거의 다 흰색입니다.

> 东西 dōngxi 물건

2 听说와 听话

1) '听说 tīng shuō'는 들은 내용을 제 3자에게 전달할 때 쓰인다. 화자가 누구인지 밝히고자 할 때는 '听'과 '说' 사이에 그 대상을 넣는다.

A：听说他是这里的老板。 그가 여기 사장이래.
B：是吗？听谁说的？ 그래? 누가 그래?
A：我听房东说的。 주인에게 들었어.

2) '听话 tīng huà'는 '순종하다, 말을 잘 듣다'의 의미로 '听说'와 혼동하지 않도록 주의해야 한다.

- 你怎么这么不听话。 어쩜 이렇게 말을 안 듣니.
- 听说那学生很不听话。 듣자 하니 그 학생이 말을 잘 안 듣는다고 합니다.

3 …时候

'때, 시각'을 나타내는 '时候'는 '的'와 함께 쓰여 어떤 동작이 일어난 시점을 나타낸다. 지시대명사 '这'나 '那'와 함께 쓰이면 비교적 가깝거나 먼 시점을 나타낸다.

- 那时候我在洗澡。 그 때 나는 씻는 중이었습니다.
- 上课的时候别说话。 수업할 때에는 잡담하지 마세요.

> 洗澡 xǐzǎo 목욕하다   别 bié …하지 마라

4 부사 只

'只 zhǐ'는 '단지, 겨우' 등의 뜻으로 사람의 동작이나 사물의 범위를 제한한다.

- 我只学过英语。 저는 영어만 배운 적이 있습니다.
- 不买多，只买一个。 많이 사지 않고, 딱 하나만 삽니다.

5 有意思

'意思 yìsi'는 본래 '의미, 성의'의 뜻이지만 '有'와 함께 쓰이면 '재미있다'라는 뜻이 된다. '재미 없다'라는 표현은 '不'가 아니라 '没'를 사용해서 '没(有)意思 méi(yǒu) yìsi'라고 한다.

- 玩儿得很有意思。 재미있게 놀았습니다.
- 看电视真没有意思。 텔레비전 보는 것은 정말 재미없습니다.

중국은 우리나라와 같이 초등학교부터 대학까지 6-3-3-4 학제를 도입하고 있습니다. 초등학생은 '小学生 xiǎoxuéshēng', 중학생은 '初中生 chūzhōngshēng', 고등학생은 '高中生'이라고 하며, 중국도 초등학교 1학년부터 중학교 3학년까지 9년 동안을 의무교육기간으로 정하고 있습니다. 대학생은 '大学生'이라고 하며, 대학원에서 석사나 박사를 준비하는 학생들을 '研究生'이라고 합니다.

判断对错 O× 문제

본문내용과 일치하면 O, 틀리면 ×에 표기하세요.

1. 刘晶是英美的英语老师。　　　　　　　　　　(O ×)
2. 刘晶是北京大学中文系的学生。　　　　　　　(O ×)
3. 刘晶觉得英美很聪明。　　　　　　　　　　　(O ×)
4. 昨天她们一起去百货商场了。　　　　　　　　(O ×)
5. 刘晶的爱好很多。　　　　　　　　　　　　　(O ×)
6. 她们只买了两听可乐。　　　　　　　　　　　(O ×)
7. 英美去过的名胜古迹很多。　　　　　　　　　(O ×)
8. 英美从来没去过健身房。　　　　　　　　　　(O ×)
9. 她们两个人都喜欢爬山。　　　　　　　　　　(O ×)
10. 昨天的电影一点儿都没意思。　　　　　　　(O ×)

回答问题 묻고 답하기

본문내용을 숙지하여 다음 질문에 답하세요.

1. 刘晶是谁？她是哪个系的？
2. 英美的爱好是什么？
3. 英美来北京都去过哪儿？
4. 刘晶有什么爱好？
5. 昨天她们一起去了哪儿？
6. 刘晶买了电影票，英美呢？

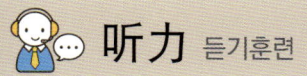 **听力** 듣기훈련

第一部分 대화를 듣고 질문에 알맞은 답을 고르세요.

1. A 看电影　　B 瑜伽　　C 旅游

2. A 故宫　　B 天坛　　C 长城

3. A 今天的　　B 前天的　　C 都不好看

4. A 爆米花　　B 香菜　　C 拿手菜

5. A 日语系　　B 中文系　　C 英语系

第二部分 문장을 듣고 질문에 알맞은 답을 고르세요.

1. A 不太聪明　　B 很爱学习　　C 爱玩儿电脑

2. A 上海人　　B 中国汉字　　C 上海的路

3. A 电影票　　B 可乐　　C 爆米花

4. A 西西的姐姐　　B 西西　　C 西西的妹妹

5. A 爬山　　B 跑步　　C 瑜伽

练习 연습문제

1 빈칸에 알맞은 단어를 보기 에서 고르세요.

> 보기   A 听说   B 附近   C 时候   D 名胜古迹   E 爆米花

① 看电影的时候，大家都爱吃_____。

② 他就是我们的汉语老师，_____他是从哈尔滨来的。

③ 我们这次旅游，北京的_____几乎都去了。

④ 我上大学的_____，每天在图书馆里学习。

⑤ 公园_____有没有书店？

2 다음 문제와 연관된 문장을 보기 에서 고르세요.

> 보기
> A. 喝可乐吧。
> B. 现在有什么好看的电影？
> C. 我只喜欢看电影和运动。
> D. 听说你每个星期都去爬山。
> E. 工作太忙，不学了。
> F. 首尔的名胜古迹几乎都去了。

예 因为我的朋友都喜欢去爬山。　　　　　　（ D ）

① 你去首尔旅游都去过哪儿？　　　　　　　（　　）

② 你都有什么爱好？　　　　　　　　　　　（　　）

③ 我们吃爆米花喝什么？　　　　　　　　　（　　）

④ 你还在学瑜伽吗？　　　　　　　　　　　（　　）

⑤ 听说有一部韩国电影很不错。　　　　　　（　　）

06

谈天气
Tán tiānqì
날씨 이야기

课文 본문

英美和刘晶在谈北京的季节和天气。
Yīngměi hé Liú Jīng zài tán Běijīng de jìjié hé tiānqì.

英美　　今天真热，多少度？
　　　　Jīntiān zhēn rè, duōshao dù?

刘晶　　天气预报说零上三十一度。
　　　　Tiānqì yùbào shuō língshàng sānshíyī dù.

英美　　我最怕热！
　　　　Wǒ zuì pà rè!

刘晶　　可能是快要下雨了，所以这么闷。
　　　　Kěnéng shì kuàiyào xià yǔ le, suǒyǐ zhème mēn.

英美　　北京哪个季节的天气最好？
　　　　Běijīng nǎ ge jìjié de tiānqì zuì hǎo?

刘晶　　当然是秋天，不冷也不热。
　　　　Dāngrán shì qiūtiān, bù lěng yě bú rè.

英美　　春天和冬天呢？
　　　　Chūntiān hé dōngtiān ne?

刘晶　　春天常刮风，冬天又冷又干燥。
　　　　Chūntiān cháng guā fēng, dōngtiān yòu lěng yòu gānzào.

生词 새로운 단어

季节	jìjié	계절
度	dù	온도 등을 세는 단위
天气预报	tiānqì yùbào	일기예보
零上	língshàng	영상
怕	pà	…에 약하다, 꺼리다
可能	kěnéng	아마도
快要	kuàiyào	곧, 머지않아
所以	suǒyǐ	그래서
闷	mēn	답답하다, 갑갑하다
当然	dāngrán	당연하다
干燥	gānzào	건조하다

영미는 리우징과 베이징의 계절과 날씨를 이야기하고 있습니다.

영 미: 오늘 정말 덥다, 몇 도야?
리우징: 일기예보에서는 31도라던데.
영 미: 난 더위를 제일 타는데!
리우징: 곧 비가 오려나 봐, 그러니까 이렇게 푹푹 찌지.
영 미: 베이징은 어느 계절에 날씨가 제일 좋아?
리우징: 당연히 가을이지. 춥지도 덥지도 않으니까.
영 미: 봄하고 겨울은?
리우징: 봄에는 자주 바람이 불고, 겨울은 춥고 건조해.

北京的春天比较暖和，

人们喜欢云公园散步或打篮球。

夏天闷热，经常下雨，

有的人呆在家里，有的人去游泳。

北京的秋天最好，

人们喜欢爬山和旅游。

北京的冬天和首尔一样常下雪，

人们喜欢滑雪和看雪景。

 生词 새로운 단어

☐	比较	bǐjiào	비교적
☐	打篮球	dǎ lánqiú	농구를 하다
☐	闷热	mēnrè	무덥다
☐	经常	jīngcháng	늘, 항상
☐	有的	yǒude	어떤 (것, 사람)
☐	呆	dāi	머무르다
☐	一样	yíyàng	같다
☐	雪景	xuějǐng	설경

Běijīng de chūntiān bǐjiào nuǎnhuo,
rénmen xǐhuan qù gōngyuán sàn bù huò dǎ lánqiú.
Xiàtiān mēnrè, jīngcháng xià yǔ,
yǒude rén dāizài jiā lǐ, yǒude rén qù yóuyǒng.
Běijīng de qiūtiān zuì hǎo,
rénmen xǐhuan pá shān hé lǚyóu.
Běijīng de dōngtiān hé Shǒu'ěr yíyàng cháng xià xuě,
rénmen xǐhuan huá xuě hé kàn xuějǐng.

 语法 어법 포인트

1 怕

동사 '怕 pà'는 본래 '무섭다, 근심하다'라는 뜻이지만, '…에 약하다, …(을)를 꺼리다'는 뜻으로 주로 쓰인다.

- 我很怕一个人去旅游。 저는 혼자 여행가는 것을 꺼립니다.
- 我不喜欢冬天，因为我怕冷。 저는 겨울을 좋아하지 않는데, 추위에 약하기 때문입니다.

2 快要…了

동사 앞에 '快要 kuàiyào'를 쓰고 문장 끝에 '了'를 붙이면 '곧 …하려하다'의 의미로 어떤 일이 곧 발생하거나 임박했음을 나타낼 수 있다. '快要…了' 대신 '快…了'나 '要…了'를 쓸 수도 있다.

- 春天快到了。 곧 봄이 옵니다.
- 他快要回来了。 그가 곧 돌아옵니다.

3 不 A 不 B

의미가 상반되는 형용사를 '不 A 不 B' 형식으로 함께 쓰면 '…하지도 않고, …하지도 않다'라는 의미가 되어 애매하거나 적당한 상태를 나타낸다.

- 不多也不少。 많지도 적지도 않습니다.
- 王老师不胖也不瘦。 왕선생님은 뚱뚱하지도 마르지도 않았습니다.

> 胖 pàng 뚱뚱하다
> 瘦 shòu 마르다

4 有的… 有的…

'有的 yǒude'는 전체 중의 일부를 나타내는 표현으로, 주로 연용하여 여러 가지 상황을 서술하는데 쓰인다. 단독으로 쓰이거나 '有的人, 有的时候, 有的地方' 등의 형태로 쓰인다.

- 有的地方下雪，有的地方下雨。 어떤 곳은 눈이 내리고, 어떤 곳은 비가 내립니다.
- 有(的)时候回家，有(的)时候去图书馆。 어떤 때는 집으로 가고, 어떤 때는 도서관에 갑니다.

> 地方 dìfang 장소, 곳

5 A 和 B 一样

'A는 B와 같다'는 의미로 '一样 yíyàng' 뒤에 형용사나 동사 등을 놓아 부사어로 사용하기도 한다.

- 他的个子和你一样。 그는 당신과 키가 같습니다.
- 她的脸和苹果一样红。 그녀의 얼굴은 사과처럼 빨갛습니다.

> 个子 gèzi 키
> 脸 liǎn 얼굴

判断对错 O× 문제

본문내용과 일치하면 O, 틀리면 ×에 표기하세요.

1. 今天零下，天气很冷。　　　　　　　　　　　　（O　×）

2. 报上说今天三十一度。　　　　　　　　　　　　（O　×）

3. 英美不怕热，她最喜欢夏天。　　　　　　　　　（O　×）

4. 刘晶觉得快要下雨了。　　　　　　　　　　　　（O　×）

5. 北京的春天很干燥。　　　　　　　　　　　　　（O　×）

6. 夏天太闷热，人们都呆在家里。　　　　　　　　（O　×）

7. 很多人喜欢秋天去散步，打篮球。　　　　　　　（O　×）

8. 北京的冬天经常刮风。　　　　　　　　　　　　（O　×）

9. 北京人喜欢冬天去滑雪。　　　　　　　　　　　（O　×）

10. 北京的夏天和首尔一样很闷热。　　　　　　　（O　×）

回答问题 묻고 답하기

본문내용을 숙지하여 다음 질문에 답하세요.

1. 今天天气怎么样？多少度？

2. 英美喜欢北京的夏天吗？

3. 北京哪个季节的天气最好？

4. 春天和夏天北京人喜欢做什么？

5. 冬天的时候，北京人喜欢做什么？

6. 北京的哪个季节和首尔一样？

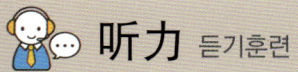 **听力** 듣기훈련

第一部分 대화를 듣고 질문에 알맞은 답을 고르세요.

1. A 天气热去游泳　　B 游泳就不热　　C 不想出去游泳
2. A 不怕热　　　　　B 不怕冷　　　　C 不怕冷不怕热
3. A 不是很冷　　　　B 比较暖和　　　C 不太干燥
4. A 经常下雨　　　　B 几乎不下雪　　C 雪景最美
5. A 谈雨伞　　　　　B 谈天气预报　　C 谈季节

第二部分 문장을 듣고 질문에 알맞은 답을 고르세요.

1. A 刮风　　　　　　B 下雨　　　　　C 又刮风又下雨
2. A 春夏秋冬　　　　B 夏天和冬天　　C 春天和秋天
3. A 北京　　　　　　B 上海　　　　　C 首尔
4. A 人多热闹　　　　B 热天运动　　　C 季节运动
5. A 上下班的时候　　B 做工作的时候　C 去旅游的时候

练习 연습문제

1 빈칸에 알맞은 단어를 [보기]에서 고르세요.

> [보기]　A 干燥　　B 打篮球　　C 经常　　D 快要　　E 天气预报

① 首尔冬天_____下雪，雪景很美。

② 下午比中午凉快，那时候_____最好。

③ _____说明天也热，零上三十五度。

④ _____到冬天了，我最怕冷。

⑤ 夏天常下雨不_____。

2 다음 문제와 연관된 문장을 [보기]에서 고르세요.

> [보기]
> A. 首尔没有北京干燥。
> B. 是吗？我今天没带伞。
> C. 今天多少度？
> D. 你喜欢北京的哪个季节？
> E. 夏天你喜欢做什么？
> F. 很冷，我穿了三件衣服呢。

예) 今天零上二十七度。　　　　　　　　　(C)

① 天气预报说今天要下雨。　　　　　　　(　)

② 我喜欢北京的秋天。　　　　　　　　　(　)

③ 大冬天你不冷吗？　　　　　　　　　　(　)

④ 北京天气很干燥，首尔怎么样？　　　　(　)

⑤ 夏天我常去游泳。　　　　　　　　　　(　)

07

买票
Mǎi piào
표 사기

课文 본문

英美和刘晶要去上海，她们在火车站买票。
Yīngměi hé Liú Jīng yào qù Shànghǎi, tāmen zài huǒchē zhàn mǎi piào.

英美 我要两张二号去上海的火车票。
Wǒ yào liǎng zhāng èr hào qù Shànghǎi de huǒchē piào.

售票员 你要买什么票？
Nǐ yào mǎi shénme piào?

英美 晚上十点的特快。
Wǎnshang shí diǎn de tèkuài.

售票员 十点的没有座儿，只有卧铺。
Shí diǎn de méiyǒu zuòr, zhǐ yǒu wòpù.

英美 有软卧吗？多少钱？
Yǒu ruǎnwò ma? Duōshao qián?

售票员 有。上铺六百一十七元，下铺六百九十八元。
Yǒu. Shàngpù liùbǎi yīshíqī yuán, xiàpù liùbǎi jiǔshíbā yuán.

英美 一张上铺，一张下铺。
Yì zhāng shàngpù, yì zhāng xiàpù.

售票员 好的，稍等。
Hǎo de, shāo děng.

 生词 새로운 단어

特快	tèkuài	특급열차
座(儿)	zuò(r)	좌석
卧铺	wòpù	(기차의) 침대
软卧	ruǎnwò	(열차의) 우등 침대석
上铺	shàngpù	이층·다층 침대의 맨 위 침대
下铺	xiàpù	(열차 침대 칸의) 아래 침대
稍	shāo	잠시, 잠깐
等	děng	기다리다

영미와 리우징은 상하이에 가려고 기차역에서 표를 삽니다.

영　미: 2일 날 상하이 가는 기차표 두 장 주세요.
매표원: 어떤 표로 하시겠습니까?
영　미: 밤 10시 특급열차요.
매표원: 10시에는 좌석이 없고, 침대석만 있습니다.
영　미: 우등 침대석 있나요? 얼마죠?
매표원: 있어요. 윗 침대는 617위안이고, 아래 침대는 698위안입니다.
영　미: 윗 침대 한 장, 아래 침대 한 장이요.
매표원: 알겠습니다. 잠시만 기다려 주세요.

十月一日是国庆节，

学校放七天假。

我和刘晶都没去过上海，

这次打算一起去自助游。

从北京到上海有高铁、动车和特快。

高铁四个小时，动车八个小时，特快要十二个小时。

听说中国的火车有硬座、软座、硬卧等。

所以我买了软卧票去体验一下。

国庆节	Guóqìng Jié	국경절, 중국 건국기념일
放假	fàng jià	휴가로 쉬다, 방학하다
打算	dǎsuan	계획하다, …할 작정이다
自助游	zìzhùyóu	자유 여행
高铁	gāotiě	300Km/h급 고속열차
动车	dòngchē	200Km/h급 고속열차
硬座	yìngzuò	(열차의) 일반석
软座	ruǎnzuò	(열차의) 우등석
硬卧	yìngwò	(열차의) 일반 침대석
等	děng	등, 따위
体验	tǐyàn	체험하다
一下	yíxià	한번, 잠깐

Shí yuè yī rì shì Guóqìng Jié,
xuéxiào fàng qī tiān jià.
Wǒ hé Liú Jīng dōu méi qùguo Shànghǎi,
zhè cì dǎsuan yìqǐ qù zìzhùyóu.
Cóng Běijīng dào Shànghǎi yǒu gāotiě、dòngchē hé tèkuài.
Gāotiě sì ge xiǎoshí, dòngchē bā ge xiǎoshí, tèkuài yào shí'èr ge xiǎoshí.
Tīng shuō Zhōngguó de huǒchē yǒu yìngzuò、ruǎnzuò、yìngwò děng.
Suǒyǐ wǒ mǎile ruǎnwò piào qù tǐyàn yíxià.

语法 어법 포인트

1 稍

짧은 시간을 나타내는 '稍 shāo'는 주로 단음절 동사나 형용사를 꾸며주며, 뒤에 정도 또는 동작의 양을 나타내는 보어를 동반하는 경우가 많다.

- 这件衣服稍大了一点儿。 이 옷은 조금 큽니다.
- 那里的东西价钱稍贵。 그곳은 물건 값이 좀 비쌉니다.

价钱 jiàqián 가격, 값

2 이합사

이합사는 동사와 목적어로 이루어진 어휘를 말하며, 이합사의 동사와 목적어 사이에 시량사나 동량사를 넣어 보어적 용법으로 사용할 수 있다.

- 放假三天。(×)
  放三天假。(○) 삼일 동안 휴가입니다.
- 只跳舞了一次。(×)
  只跳了一次舞。(○) 춤을 딱 한 번 추었습니다.

3 一下

'한 번'이라는 뜻의 '一下 yíxià'는 동사 뒤에서 '좀 …해 보다'라는 의미로 짧은 시간 내에 이루어진 동작의 시도를 나타낸다.

- 您试一下。 한번 해보세요.
- 请写一下您的名字。 성함 좀 써 주세요.

试 shì 시험삼아 한번 해 보다

중국은 땅이 크고 넓어서 50시간 이상 기차를 타고 가야 하는 경우도 있기 때문에 침대 칸 열차는 꼭 필요합니다. 특히 중국에서 여행을 할 때 기차는 아주 유용한 교통수단이 됩니다. 거미줄처럼 잘 연결된 기차의 노선이 전국 각지로 뻗어 있어 어디든지 갈 수 있으며, 긴 시간 동안의 기차여행을 통해 다양한 승객들과 친구가 될 수도 있습니다.

중국 기차의 종류 : 普快 pǔkuài 완행열차, 直快 zhíkuài 직행열차,
　　　　　　　　快速 kuàisù 무궁화호, 特快 tèkuài 새마을호,
　　　　　　　　动车 dòngchē 200㎞/h급 고속열차, 高铁 gāotiě 300㎞/h급 고속열차

중국 기차의 좌석 종류 : 硬座 yìngzuò 일반석, 软座 ruǎnzuò 우등석,
　　　　　　　　　　硬卧 yìngwò 일반 침대석, 软卧 ruǎnwò 우등 침대석

判断对错 O× 문제

본문내용과 일치하면 O, 틀리면 ×에 표기하세요.

1. 中国的国庆节不放假。(O ×)
2. 英美二月要去上海。(O ×)
3. 英美打算一个人去旅游。(O ×)
4. 刘晶去过上海，英美没去过。(O ×)
5. 从北京到上海只有高铁。(O ×)
6. 从北京到上海坐动车比高铁快。(O ×)
7. 英美坐上午十点的特快。(O ×)
8. 中国的火车有卧铺。(O ×)
9. 英美买了两张火车票。(O ×)
10. 两张火车票一共是六百九十八元。(O ×)

回答问题 듣고 답하기

본문내용을 숙지하여 다음 질문에 답하세요.

1. 学校放假，英美有什么打算？
2. 从北京到上海都有什么火车？
3. 英美买了什么火车票？
4. 从北京到上海坐特快要多长时间？
5. 英美为什么买了卧铺票？
6. 两张火车票一共多少钱？

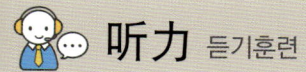
听力 듣기훈련

第一部分 대화를 듣고 질문에 알맞은 답을 고르세요.

1. A 硬座　　　　B 软卧　　　　C 硬卧
2. A 欢迎冬天　　B 不爱滑雪　　C 打算自助游
3. A 放假旅游　　B 中国的火车　C 火车的卧铺
4. A 520元　　　 B 550元　　　 C 580元
5. A 首尔　　　　B 东京　　　　C 香港

第二部分 문장을 듣고 질문에 알맞은 답을 고르세요.

1. A 不认识路　　B 一个人很怕　C 都要自己打算
2. A 没有硬座　　B 没有卧铺　　C 只有硬座
3. A 火车旅游　　B 自行车旅游　C 自助旅游
4. A 订火车票　　B 在家上网　　C 出去看电影
5. A 十个小时　　B 四个小时　　C 两个小时

练习 연습문제

1 빈칸에 알맞은 단어를 보기에서 고르세요.

> 보기   A 卧铺   B 放假   C 体验   D 自助游   E 国庆节

① _____好是好 但吃的住的都要自己打算。

② 很多韩国人都想_____一下中国的火车旅游。

③ _____有上铺、中铺和下铺，你订哪一个?

④ 十月一日是中国的_____。

⑤ 工作的人和学习的人都喜欢_____，因为他们都想休息。

2 다음 문제와 연관된 문장을 보기에서 고르세요.

> 보기
> A. 特快或者高铁都行。
> B. 我打算和家人一起去日本旅游。
> C. 明天是国庆节。
> D. 我没坐过飞机，想去体验一下。
> E. 我要一张五点的卧铺票。
> F. 从上海到首尔坐飞机要几个小时?

예 明天学校放什么假?　　　　　　　　　(C)

① 五点的没有卧铺，只有硬座。　　　　　(　)

② 你去上海坐什么火车?　　　　　　　　(　)

③ 大概两个半小时。　　　　　　　　　　(　)

④ 放假你打算去哪儿?　　　　　　　　　(　)

⑤ 你为什么不坐火车坐飞机呢?　　　　　(　)

08

住宾馆
Zhù bīnguǎn
호텔 숙박

课文 본문

英美和刘晶到了上海,她们先去了宾馆。
Yīngměi hé Liú Jīng dàole Shànghǎi, tāmen xiān qùle bīnguǎn.

英美 我订了房间。这是我的护照。
Wǒ dìngle fángjiān. Zhè shì wǒ de hùzhào.

服务员 您订了单人间还是标准间?
Nín dìngle dānrénjiān háishi biāozhǔnjiān?

英美 我订了标准间,一天多少钱?
Wǒ dìngle biāozhǔnjiān, yì tiān duōshao qián?

服务员 一天三百八十元,您要住几天?
Yì tiān sānbǎ bāshí yuán, nín yào zhù jǐ tiān?

英美 住两天。
Zhù liǎng tiān.

服务员 三楼302号房间,这是房卡。
Sān lóu sān líng èr hào fángjiān, zhè shì fángkǎ.

英美 请问,电梯在哪儿?
Qǐngwèn, diàntī zài nǎr?

服务员 电梯就在对面。
Diàntī jiù zài duìmiàn.

生词 새로운 단어

☐	先	xiān	먼저
☐	宾馆	bīnguǎn	호텔, 여관
☐	订	dìng	예약하다
☐	房间	fángjiān	방
☐	护照	hùzhào	여권
☐	单人间	dānrénjiān	1인실
☐	标准间	biāozhǔnjiān	(2인 1실의) 일반실
☐	房卡	fángkǎ	객실 카드
☐	电梯	diàntī	엘리베이터

영미와 리우징은 상하이에 도착해 먼저 호텔로 갔습니다.

영　미: 방은 예약했어요. 여기 제 여권입니다.
안내원: 1인실로 예약하셨나요 아니면 일반실로 예약하셨나요?
영　미: 일반실 예약했어요. 하루에 얼마죠?
안내원: 하루에 380위안입니다. 며칠 묵으실 건가요?
영　미: 이틀이요.
안내원: 3층 302호 방이에요. 여기 객실 카드요.
영　미: 실례지만, 엘리베이터는 어디 있나요?
안내원: 엘리베이터는 바로 맞은편에 있습니다.

我们订了一家宾馆。

宾馆在上海的南京路,是三星级的。

房间不大,但很安静,

而且可以看到外滩的夜景。

现在是旅游旺季,

外滩和东方明珠的游客特别多。

刘晶看着手机地图找到了夜市,

我们在夜市里吃得很痛快。

生词 새로운 단어

南京路	Nánjīnglù	(地) 난징루
星级	xīngjí	호텔 등급
安静	ānjìng	조용하다
而且	érqiě	게다가
可以	kěyǐ	…할 수 있다, 가능하다
外滩	Wàitān	(地) 와이탄
夜景	yèjǐng	야경
旺季	wàngjì	성수기
东方明珠	Dōngfāngmíngzhū	동팡밍주
游客	yóukè	여행객
特别	tèbié	유달리, 특히
夜市	yèshì	야시장
痛快	tòngkuài	통쾌하다, 유쾌하다

Wǒmen dìngle yì jiā bīnguǎn.
Bīnguǎn zài Shànghǎi de Nánjīnglù, shì sān xīngjí de.
Fángjiān bú dà, dàn hěn ānjìng,
érqiě kěyǐ kàndào Wàitān de yèjǐng.
Xiànzài shì lǚyóu wàngjì,
Wàitān hé Dōngfāngmíngzhū de yóukè tèbié duō.
Liú Jīng kànzhe shǒujī dìtú zhǎodào le yèshì,
wǒmen zài yèshì lǐ chī de hěn tòngkuài.

语法 어법 포인트

1 A 还是 B

1) '还是'를 사용하면 두 가 혹은 그 이상에서 적당한 것을 선택하기를 요구하는 선택의문문을 만들 수 있다. 'A 还是 B?'의 형식으로 쓰여 'A입니까 아니면 B입니까?'의 의미를 나타낸다.

- 你今天去还是明天去? 오늘 갑니까 아니면 내일 갑니까?
- 你要喝咖啡还是牛奶? 커피를 마시겠습니까 아니면 우유를 마시겠습니까?

2) '还是'와 '或者'는 모두 '또는, 아니면'의 의미로, '或者'는 평서문에서 '还是'는 의문문에서 선택을 요구하는 데 쓰인다.

- 可乐还是果汁儿都可以。(×)
  可乐或者果汁儿都可以。(○) 콜라나 주스 다 괜찮습니다.
- 你坐船去或者坐飞机去? (×)
  你坐船去还是坐飞机去? (○) 당신은 배 타고 갑니까 아니면 비행기 타고 갑니까?

2 접속사 而且

'而且 érqiě'는 접속사로 복문 뒷절의 앞머리에 놓여 앞절의 내용보다 한 단계 더 나아갔음을 나타낸다.

- 今天的苹果大，而且甜。 오늘의 사과는 크고, 달기까지 합니다.
- 这家菜很好吃，而且价钱也便宜。 이곳의 요리는 맛있을 뿐 아니라, 가격도 저렴합니다.

3 결과보어 到

1) 동사 '到'는 결과보어로 쓰여 어떤 목적이나 결과에 도달했음을 나타낸다.

- 我买到了火车票。 저는 기차표를 샀습니다.
- 你的手机找到了吗? 휴대폰은 찾았습니까?

2) 동사 '到'는 결과보어로 쓰여 어떠한 장소, 시간 혹은 어떤 수량이나 정도에 도달했음을 나타낸다.

- 学到第八课了。 8과 까지 배웠습니다.
- 他们喝到了凌晨四点。 그들은 새벽 4시까지 마셨습니다.

凌晨 língchén 새벽(녘)

 Plus ++

요즘은 중국에 안 가본 사람이 거의 없을 정도로 많은 사람들이 중국 여행을 선호합니다. "中国旅游全年无淡季。"라는 말처럼 중국 내 여행도 연중 비수기가 없다고 느껴질 정도로 성황입니다. 중국 여행의 비수기(淡季 dànjì)는 일반적으로 12월부터 다음해 3월까지이고, 설날, 노동절, 추석, 개국기념일과 여름, 겨울 방학기간은 성수기(旺季 wàngjì)라고 볼 수 있습니다.

숙박 업소로는 '酒店 jiǔdiàn, 饭店 fàndiàn, 宾馆 bīnguǎn, 招待所 zhāodàisuǒ' 등이 있으며, 숙소의 규모, 인테리어, 시설, 관리, 서비스에 따라 가격이나 등급의 차이가 있습니다. 한국에서는 무궁화 개수로 호텔의 등급을 판단하지만 중국에서는 별의 개수로 등급을 나타내며, '五星级'가 가장 고급스런 호텔이고 '四星级, 三星级'의 순서로 등급이 나뉩니다.

判断对错 O× 문제

본문내용과 일치하면 O, 틀리면 ×에 표기하세요.

1. 她们订了两个单人间。　　　　　　　　　　　（O　×）
2. 她们要在宾馆住两周。　　　　　　　　　　　（O　×）
3. 她们的房间一个在二楼，一个在三楼。　　　　（O　×）
4. 宾馆里的电梯不好找。　　　　　　　　　　　（O　×）
5. 英美订了一家五星级的酒店。　　　　　　　　（O　×）
6. 宾馆的房间又大又安静。　　　　　　　　　　（O　×）
7. 从房间能看到外滩的夜市。　　　　　　　　　（O　×）
8. 上海的游客不多，因为不是旺季。　　　　　　（O　×）
9. 游客带她们去了夜市。　　　　　　　　　　　（O　×）
10. 她们两个人在夜市吃得很痛快。　　　　　　（O　×）

回答问题 묻고 답하기

본문내용을 숙지하여 다음 질문에 답하세요.

1. 她们住的宾馆在哪儿？是几星级的？
2. 她们住什么房间？一天多少钱？
3. 她们的房号是多少？
4. 房间怎么样？可以看到什么？
5. 为什么现在上海的游客特别多？
6. 她们怎么找到了夜市？

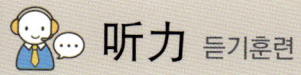

第一部分 대화를 듣고 질문에 알맞은 답을 고르세요.

1. A 宾馆服务员　　B 宾馆客人　　C 餐厅老板
2. A 五星级的　　　B 标准间的　　C 旅游旺季
3. A 在机场　　　　B 在火车站　　C 在宾馆
4. A 车站　　　　　B 餐厅　　　　C 夜市
5. A 问司机　　　　B 手机上网　　C 看电视

第二部分 문장을 듣고 질문에 알맞은 답을 고르세요.

1. A 干净的　　　　B 安静的　　　C 看到夜景的
2. A 旅游旺季　　　B 没有火车　　C 冬天游客多
3. A 周末　　　　　B 平日　　　　C 晚上
4. A 又大又安静　　B 不大不安静　C 不大但很安静
5. A 玩儿得不痛快　B 房卡没有了　C 找不到房间

练习 연습문제

1 빈칸에 알맞은 단어를 보기 에서 고르세요.

> 보기　　A 旺季　　B 护照　　C 安静　　D 房卡　　E 痛快

① 这是您的_____，房间是733号。

② 明天要出国，_____、行李都准备好了吗？

③ 八月是韩国的旅游_____，游客最多。

④ 我喜欢去图书馆学习，因为那儿很_____。

⑤ 昨天的3D电影太有意思了，大家都看得很_____。

2 다음 문제와 연관된 문장을 보기 에서 고르세요.

> 보기　　A. 三星级的房间怎么样？
> 　　　　B. 外滩的游客怎么这么多！
> 　　　　C. 我订了一个标准间。
> 　　　　D. 请问，电梯在哪儿？
> 　　　　E. 24小时可以上网。
> 　　　　F. 当然，这家是五星级的。

예　房间不大，但很安静。　　　　　　　　　（ A ）

① 您订了单人间还是标准间？　　　　　　　（　　）

② 房间里可以上网吗？　　　　　　　　　　（　　）

③ 这家酒店一定很贵。　　　　　　　　　　（　　）

④ 因为现在是旅游旺季。　　　　　　　　　（　　）

⑤ 就在右边儿。　　　　　　　　　　　　　（　　）

09

买礼物

Mǎi lǐwù

선물 사기

课文 본문

上海的特产很多，英美要给朋友买礼物。
Shànghǎi de tèchǎn hěn duō. Yīngměi yào gěi péngyou mǎi lǐwù.

英美　　我要给张海买个礼物。
　　　　Wǒ yào gěi Zhāng Hǎi mǎi ge lǐwù.

刘晶　　你可以慢慢儿看。
　　　　Nǐ kěyǐ mànmānr kàn.

英美　　真头疼，不知道买什么。
　　　　Zhēn tóuténg, bù zhīdao mǎi shénme.

刘晶　　别着急，你看，这里有饼干和糖果。
　　　　Bié zháojí, nǐ kàn, zhèlǐ yǒu bǐnggān hé tángguǒ.

英美　　是上海的特产吗？
　　　　Shì Shànghǎi de tèchǎn ma?

刘晶　　对，还有茶叶呢。
　　　　Duì, háiyǒu cháyè ne.

英美　　都不错，买一些带回去吧。
　　　　Dōu búcuò, mǎi yìxiē dài huíqu ba.

刘晶　　我也买一些。
　　　　Wǒ yě mǎi yìxiē.

生词 새로운 단어

☐ 特产	tèchǎn	특산물
☐ 礼物	lǐwù	선물
☐ 头疼	tóuténg	두통, 머리가 아프다
☐ 知道	zhīdao	알다
☐ 别	bié	…하지 마라
☐ 着急	zháojí	조급해 하다
☐ 饼干	bǐnggān	과자, 비스킷
☐ 糖果	tángguǒ	사탕
☐ 茶叶	cháyè	찻잎
☐ 一些	yìxiē	조금, 약간

상하이의 특산품이 많아서, 영미는 친구에게 선물을 사주려고 합니다.

영 미: 장하이에게 선물 하나 사주려고.
리우징: 천천히 봐도 돼.
영 미: 정말 고민이네, 뭘 사야 할지 모르겠어.
리우징: 조급해하지마, 봐, 여기 과자랑 사탕이 있어.
영 미: 상하이 특산품이야?
리우징: 응, 찻잎도 있잖아.
영 미: 다 좋네, 좀 사서 가져가자.
리우징: 나도 좀 살게.

三天两夜的上海旅游结束了。

今天晚上要坐飞机回北京。

我给张海买了一盒茶叶，

还给朋友买了一些上海特产。

听说上海的旗袍很漂亮，

我和刘晶各买了一件。

上海真是一个好玩儿的地方。

如果有机会，我一定再来。

 生词 새로운 단어

☐ 结束	jiéshù	끝나다
☐ 旗袍	qípáo	치파오
☐ 各	gè	각각, 각자
☐ 好玩儿	hǎowánr	재미있다
☐ 地方	dìfang	곳, 장소
☐ 如果	rúguǒ	만약
☐ 机会	jīhuì	기회
☐ 再	zài	다시

Sān tiān liǎng yè de Shànghǎi lǚyóu jiéshù le.
Jīntiān wǎnshang yào zuò fēijī huí Běijīng.
Wǒ gěi Zhāng Hǎi mǎile yì hé cháyè,
hái gěi péngyou mǎile yìxiē Shànghǎi tèchǎn.
Tīng shuō Shànghǎi de qípáo hěn piàoliang,
wǒ hé Liú Jīng gè mǎile yí jiàn.
Shànghǎi zhēn shì yí ge hǎowánr de dìfang.
Rúguǒ yǒu jīhuì, wǒ yídìng zài lái.

 语法 어법 포인트

1 단음절 형용사의 중첩 형식

단음절 형용사의 중첩형식은 일반적으로 동작이나 묘사를 강조할 때 쓰이며, 중첩된 형용사는 의미가 강화되었기 때문에 정도부사로 다시 꾸며주지 않는다. 중첩된 형용사가 부사어로 쓰일 때는 두 번째 음절을 제1성으로 발음한다.

- 慢慢儿吃吧。 천천히 드세요.
- 在学校要好好儿学习。 학교에서는 열심히 공부해야 합니다.

2 别

명령이나 금지를 나타내는 '别'는 '…하지 마라'의 뜻으로 눈 앞에서 벌어지는 상황을 제지하는 표현이 된다. 어기조사 '了'와 함께 쓰여 '이제 …하지 마라'의 어감을 나타낼 수 있다.

- 别哭，慢慢儿说。 울지 말고, 천천히 말해 보세요.
- 爸爸，你别喝酒了。 아버지, 술 그만 마셔요.

> 哭 kū 울다

3 三天两夜

우리말과는 다르게 중국어에서는 '몇 박 며칠'이라는 표현을 '며칠 몇 박'이라고 한다. 예를 들어 3박 4일은 '四天三夜 sì tiān sān yè', 1박 2일은 '两天一夜 liǎng tiān yí yè'와 같이 표현한다.

A : 去了几天几夜？ 몇 박 며칠로 갔어?
B : 玩儿了四天三夜。 3박 4일 놀았지.

4 전치사 给

전치사 给는 동작의 대상이나 목적을 나타낼 수 있으며, 이 때는 방향이나 동작 행위자를 나타내지 않는다.

- 我给他换了座儿。 저는 그를 위해 자리를 바꾸어 주었습니다.
- 我给老师介绍了我家人。 저는 선생님에게 식구들을 소개했습니다.

5 如果…就…

'如果… 就… rúguǒ… jiù…'는 가정문을 만드는 문형으로 '만약 …한다면 곧 …할 것이다'라는 의미를 나타낸다.

- 如果有了钱，我就买房子。 만약 돈이 있다면, 저는 집을 살 것입니다.
- 如果不下雨，我就去爬山。 만약 비가 안 온다면, 저는 등산을 하러 갈 것입니다.

判断对错 O× 문제

본문내용과 일치하면 ○, 틀리면 ×에 표기하세요.

1. 她们在上海玩儿了一个星期。　　　　　　　　（○　×）
2. 明天晚上她们要坐火车回北京。　　　　　　　（○　×）
3. 英美头疼，因为她走累了。　　　　　　　　　（○　×）
4. 英美买了上海特产，刘晶没买。　　　　　　　（○　×）
5. 英美给家人买了茶叶。　　　　　　　　　　　（○　×）
6. 上海的特产只有茶叶。　　　　　　　　　　　（○　×）
7. 上海的旗袍不怎么漂亮。　　　　　　　　　　（○　×）
8. 刘晶给英美买了两件旗袍。　　　　　　　　　（○　×）
9. 英美觉得上海不好玩。　　　　　　　　　　　（○　×）
10. 英美喜欢上海，她想再来。　　　　　　　　　（○　×）

回答问题 묻고 답하기

본문내용을 숙지하여 다음 질문에 답하세요.

1. 她们在上海旅游几天？
2. 她们坐什么回北京？
3. 英美给张海买了什么礼物？
4. 英美为什么买了旗袍？
5. 英美觉得上海怎么样？
6. 英美想不想再来上海？

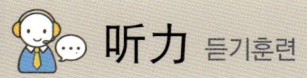 听力 듣기훈련

第一部分 대화를 듣고 질문에 알맞은 답을 고르세요.

1. A 上海天气　　B 上海特产　　C 上海旅游
2. A 台湾没意思　B 台湾好玩儿　C 没机会去台湾
3. A 不知道送什么　B 不知道说什么　C 不知道忙什么
4. A 去书店　　B 看电影　　C 吃晚饭
5. A 去旅游　　B 去工作　　C 去学习

第二部分 문장을 듣고 질문에 알맞은 답을 고르세요.

1. A 糖果　　B 饼干　　C 特产
2. A 找不到工作　B 买不到车票　C 租不到房子
3. A 三天两夜　B 两天一夜　C 五天一夜
4. A 电脑　　B 篮球　　C 蛋糕
5. A 蓝色　　B 黄色　　C 红色

1 빈칸에 알맞은 단어를 보기 에서 고르세요.

> 보기　　A 机会　　B 着急　　C 特产　　D 礼物　　E 结束

① 我要买些_____带回去尝尝。

② 如果有_____我想去韩国旅游。

③ 买一件旗袍送给奶奶是最好的_____。

④ 这么晚，女儿还没回来，妈妈很_____。

⑤ 这部电影几点开始，几点_____？

2 다음 문제와 연관된 문장을 보기 에서 고르세요.

> 보기
> A. 喜欢。有机会一定再来。
> B. 你去首尔玩儿了几天?
> C. 中国人都送什么礼物?
> D. 我也不知道买什么，真头疼。
> E. 这么晚了，还没回来?
> F. 她在一家糖果饼干公司工作。

예　别着急，到家了。　　　　　　　　　　(E)

① 她在哪儿工作?　　　　　　　　　　　　(　　)

② 你打算买什么礼物送朋友?　　　　　　　(　　)

③ 中国人喜欢送地方特产。　　　　　　　　(　　)

④ 你喜欢上海吗?　　　　　　　　　　　　(　　)

⑤ 玩儿了四天三夜。　　　　　　　　　　　(　　)

附录 부록

해석

英美的 日记 영미의 일기

第一课 欢迎 환영

나는 한국인이며 서울에서 2년간 일했습니다. 반년 전, 나는 회사를 그만두고 중국어를 공부했습니다. 중국에서 일하고 싶었기 때문입니다. 장하이는 중국인이고, 우리는 한국에서 알게 되었습니다. 그때, 그는 유학생이고 나는 회사원이었습니다. 우리는 함께 한국어와 중국어를 공부했습니다.

第二课 租房子 세 얻기

내가 기숙사에 사는 것을 좋아하지 않아서 장하이가 집 구하는 것을 도와주었습니다. 여기는 50㎡ 면적의 아파트이며 침실, 거실, 주방과 욕실이 있습니다. 임대료는 한 달에 겨우 3000위안이라서 비싸지 않습니다. 더 중요한 것은 집주인 아주머니가 굉장히 친절하다는 것입니다. 나는 마음에 들어서, 이곳에 살기로 결정했습니다.

第三课 坐车 차 타기

베이징에 온 이튿날, 장하이는 나를 데리고 칭화 대학에 등록하러 갔습니다. 우리 집은 칭화 대학에서 멀지 않아, 지하철이나 버스를 타면 모두 갈 수 있습니다. 택시가 가장 편하기는 하지만 길이 너무 막혀서 안 됩니다. 우리는 버스를 타고 칭화 대학에 도착해서 등록을 했고, 이제 나는 중국어반 학생이 되었습니다.

第四课 在餐厅 식당에서

우리는 한 중국 식당에 왔는데, 이곳은 손님이 정말 많고 장사가 잘 됩니다. 장하이는 쓰촨 훠궈를 주문했고 또 옌징 맥주와 사이다를 시켰습니다. 훠궈는 맛있습니다. 양고기는 맛있고 부드러웠으나 약간 매웠습니다. 장하이는 샹차이를 굉장히 좋아하지만, 나는 맛이 좀 이상한 듯해서 입에 맞지 않았습니다.

第五课 爱好 취미

리우징은 내 중국어 과외 선생님입니다. 그녀는 칭화 대학 영문과 대학원생입니다. 그녀는 똑똑하고 공부도 잘 합니다. 하지만 취미가 많지 않아서, 인터넷과 영화 보는 것 정도만 즐깁니다. 어제 나와 리우징은 영화관에 갔는데, 그녀가 영화 표를 사고 나는 콜라와 팝콘을 샀습니다. 우리는 이 영화가 재미있었습니다.

第六课 谈天气 날씨 이야기

베이징의 봄은 따뜻한 편이라 사람들은 공원에 가서 산책하거나 농구를 즐깁니다. 여름은 무덥고 항상 비가 내려서, 어떤 사람은 집에 있고 어떤 사람은 수영하러 갑니다. 베이징은 가을 날씨가 가장 좋아서 사람들은 등산과 여행을 즐깁니다. 베이징의 겨울은 서울처럼 눈이 자주 내려서 사람들은 스키나 설경 감상을 즐깁니다.

第七课 买票 표 사기

10월 1일은 중국 국경절이라 학교에서는 7일간 방학에 들어갑니다. 나와 리우징 모두 상하이에 가 본 적이 없어서 이번에 함께 자유여행을 가 볼 계획입니다. 베이징에서 상하이까지는 초고속열차, 고속열차, 특급열차가 운행됩니다. 초고속열차는 4시간, 고속열차는 8시간, 특급열차는 12시간이 걸립니다. 중국 열차는 일반석, 우등석, 일반 침대석 등이 있다고 해서, 나는 우등 침대석을 사서 경험해보고자 합니다.

第八课 住宾馆 호텔 숙박

우리는 호텔을 예약했습니다. 상하이 난징루에 있고, 3성급입니다. 방은 크지 않지만 조용하고, 게다가 와이탄의 야경도 볼 수 있습니다. 지금은 여행 성수기라 와이탄과 동팡밍주의 관광객이 특히나 많습니다. 리우징은 모바일 지도를 보며 야시장을 찾았고, 우리는 야시장에서 실컷 먹었습니다.

第九课 买礼物 선물 사기

2박 3일의 상하이 여행이 끝났습니다. 오늘 저녁에는 비행기로 베이징에 돌아가야 합니다. 나는 장 하이에게 줄 찻잎 한 통을 샀고, 또 친구에게 줄 약간의 상하이 특산품도 샀습니다. 상하이 치파오가 예쁘다고 들어서 나와 리우징은 각각 한 벌씩 샀습니다. 상하이는 정말 놀기 좋은 곳입니다. 만약에 기회가 있다면 꼭 다시 올 겁니다.

답안

第一课 欢迎 환영

判断对错 ox 문제

1. ✗ 2. ○ 3. ✗ 4. ✗ 5. ○
6. ✗ 7. ✗ 8. ✗ 9. ✗ 10. ✗

回答问题 묻고 답하기

1. 英美是从哪儿来的?
   英美是从韩国来的。
2. 英美现在在中国工作吗?
   英美来中国学汉语。
3. 英美经常来北京吗?
   英美不常来北京。
4. 英美为什么离开了公司?
   因为英美想在中国工作。
5. 张海去过韩国吗?
   张海去过韩国。
6. 他们是在哪儿认识的?
   她们是在韩国认识的。

听力 듣기훈련

第一部分

1. 男：今天谁来接你? 你爸爸吗?
   女：我爸爸去北京出差了, 妈妈来。
   问：谁来接女的?
   B. 妈妈接她
2. 男：路上辛苦了。你第一次来北京吗?
   女：去年我来过一次。
   问：女的第几次来北京?
   B. 第二次
3. 女：你明天在家吗? 下午我们想去看你。
   男：我明天都在, 欢迎你们来我家。
   问：女的明天要去哪儿?
   C. 男的家
4. 男：很高兴认识你。你是从韩国来的吗?
   女：对。我是来中国留学的。
   问：女的做什么工作?
   C. 留学生
5. 女：你和东东是怎么认识的?
   男：半年前, 我去日本旅游认识的。
   问：男的和东东是怎么认识的?
   A. 旅游认识的

第二部分

1. 一年前, 他离开中国一个人去美国留学了。
   问：他什么时候离开了中国?
   B. 一年前

2. 姐姐今年二月离开了公司, 现在在上海教书。
   问：姐姐现在做什么?
   B. 老师
3. 妈妈在医院工作, 我看她很累很辛苦。她说一点儿也不累。
   问：妈妈说什么?
   A. 工作不累
4. 他第一次去中国很辛苦, 因为那时候一点儿也不会说汉语。
   问：他第一次去中国怎么样?
   A. 很辛苦
5. 他在这儿工作了八年, 他很喜欢他的工作, 他没想过要离开这个公司。
   问：他要离开公司吗?
   C. 不想离开

练习 연습문제

1. ① 我没来过北京, 这是 D. 第一次 。
   ② 姐姐 A. 离开 公司, 现在在学校教书。
   ③ 我 E. 认识 他已经两年了。
   ④ 谢谢你们来看我, 我太 B. 高兴 了!
   ⑤ 大热天在外面工作真 C. 辛苦 。

2. ① 我会说一点儿。
   F. 你会说汉语吗?
   ② 你是什么时候来韩国的?
   E. 我是去年来韩国的。
   ③ 第一次来北京觉得怎么样?
   A. 我觉得北京很好。
   ④ 我们是去年认识的。
   B. 你们是什么时候认识的?
   ⑤ 我现在在中国银行工作。
   D. 你在哪儿工作?

第二课 租房子 세 얻기

判断对错 ox 문제

1. ✗ 2. ✗ 3. ✗ 4. ✗ 5. ✗
6. ✗ 7. ✗ 8. ✗ 9. ○ 10. ✗

回答问题 묻고 답하기

1. 这公寓多大?
   这公寓有50平方米。
2. 公寓里有卧室还有什么?
   公寓里还有客厅、厨房和洗手间。
3. 这公寓干不干净?
   这公寓很干净。

답안

4. 这公寓的条件怎么样？
   这公寓的条件非常好。
5. 英美为什么要租房子？
   因为英美不喜欢住宿舍。
6. 这里的房东怎么样？
   这里的房东太太非常热情。

听力 듣기훈련

第一部分

1. 男：你说要去美国留学，决定了吗？
   女：我说我要去留学，爸妈很不高兴。真麻烦…
   问：他们在说什么？
   C. 美国留学

2. 男：你找到房子了吗？
   女：不好找，我想租一个干争、便宜点儿的公寓。
   问：女的想找什么房子？
   C. 干净的

3. 女：李先生，有人找您，他兑一定要见您。
   男：是吗？请他在客厅等我　我过去。
   问：李先生要去哪儿？
   B. 客厅

4. 女：这么大的房子，租金不贵，我们快租吧！
   男：我要想想，因为我昨天见了房东，他说话很不热情。
   问：男的对什么不满意？
   A. 房东

5. 男：我想租一个房子，你知道哪儿的条件不错吗？
   女：我知道一个，明天我带你去看看。
   问：男的要干什么？
   C. 租房子

第二部分

1. 这房子以前很干净，他们住了两年后，很不干净了。
   问：这房子现在怎么样？
   A. 不干净

2. 西西租房子不看房东热不热情，主要看房子干不干净。
   问：西西租房子主要看什么？
   C. 房子干不干净

3. 从我家到公园才五百米，走路五分钟，骑自行车两分钟。
   问：我家离公园远不远？
   A. 不远

4. 他去年住宿舍，今年和朋友一起在学校附近租了一个房子。
   问：他现在住哪儿？
   B. 住学校附近

5. 他以前的房东是北京人，现在是上海人。两个房东都很热情。
   问：哪个房东很热情？
   A. 都很热情

练习 연습문제

1. ① 房东太太七十岁，她很 B. 热情 。
   ② 这里离地铁站很近，但是 A. 租金 有点儿贵。
   ③ 请问，卧室里有 C. 洗手间 吗？
   ④ 你儿子比 E. 以前 高多了。
   ⑤ 我来中国 D. 主要 是想学汉语。

2. ① 我很满意。
   A. 你觉得这房子怎么样？
   ② 你想租什么房子？
   E. 小一点儿的安静的房子。
   ③ 我带你去见房东。
   D. 房东在哪儿？
   ④ 这房子有几个卧室？
   F. 有两个卧室。
   ⑤ 这是厨房、客厅，卫生间呢？
   C. 卫生间在卧室旁边儿。

第三课 坐车 차 타기

判断对错 OX 문제

1. × 2. × 3. × 4. × 5. ×
6. O 7. × 8. × 9. × 10. ×

回答问题 묻고 답하기

1. 英美什么时候去了清华大学？
   来北京的第二天就去了清华大学。
2. 英美去清华大学干什么？
   英美去清华大学报名。
3. 从英美家到清华大学要坐什么车？
   坐地铁或公共汽车都能到，坐出租车最方便。
4. 他们为什么不坐出租车去？
   因为路上堵车。
5. 他们坐几路车去的？坐了几站？
   他们坐108路车去的。坐了七八站。
6. 英美在清华大学学什么？
   英美在清华大学学汉语。

听力 듣기훈련
第一部分
1. 男：你喝咖啡还是红茶？
   女：咖啡或者红茶都行。
   问：女的想喝什么？
   C. 都没关系
2. 男：你家附近交通方便吗？
   女：我家附近地铁站、公共汽车站、出租车站都有。
   问：女的说什么？
   B. 交通方便
3. 男：你什么时候去报名，咱们一起去吧。
   女：今天不行。明天或者后天，我给你打电话吧。
   问：女的什么时候去报名？
   C. 还没决定
4. 男：从这儿到清华大学，要坐几路车？
   女：不用坐车，走路十五分钟就到了。
   问：从这儿怎么去清华大学？
   C. 走路去
5. 女：我没去过你们家，从这儿要坐几路车？
   男：不用坐车，我开车去接你。
   问：男的说什么？
   A. 开车接女的

第二部分
1. 晚上六七点是下班时间，那时候车多人多，交通最堵。
   问：什么时候最堵？
   B. 下班时间
2. 现在我们在家里用电脑就能买东西，真方便。
   问：什么真方便？
   A. 上网买东西
3. 北京市中心的交通最堵，开车很麻烦，骑自行车最方便。
   问：什么很麻烦？
   C. 开车
4. 我来北京的第一天和第二天在朋友家睡觉，第三天在宿舍里睡觉了。
   问：我来北京的第二天在哪儿睡觉了？
   A. 朋友家
5. 我们在北京旅游，第一天去了天坛，第二天去了颐和园，第三天去了长城。
   问：我们第几天去了长城？
   C. 第三天

练习 연습문제
1. ① 这附近有车站，交通很 **C. 方便** 。
   ② 我家离学校很近，坐车 **E. 或者** 走路都能到。
   ③ 我们坐公共汽车更快，坐地铁要 **B. 换乘** 。
   ④ 现在是上班时间，路上太 **D. 堵** 了。
   ⑤ 现在学汉语的人很多，你要早点儿 **A. 报名** 。
2. ① 下班时间坐地铁更快。
   C. 坐地铁快还是坐公共汽车快？
   ② 不用换乘，二十分钟就到了。
   D. 到北京大学要换乘吗？
   ③ 你上班交通方便吗？
   A. 坐地铁或者公共汽车都很方便。
   ④ 你什么时候去报名？
   F. 我来北京第二天就去了。
   ⑤ 我们坐地铁还是出租车？
   E. 我们坐出租车吧。

第四课 在餐厅 식당에서

判断对错 OX 문제
1. ✕ 2. ✕ 3. ✕ 4. ✕ 5. ○
6. ✕ 7. ✕ 8. ✕ 9. ✕ 10. ✕

回答问题 묻고 답하기
1. 这家餐厅的拿手菜是什么？
   这家餐厅的拿手菜是四川火锅。
2. 英美为什么不点菜？
   因为英美看不懂中国菜单。
3. 这家餐厅怎么样？
   这家餐厅味道很好，生意不错。
4. 英美吃没吃过四川火锅？
   英美从来没吃过四川火锅。
5. 他们点了什么喝的？
   他们点了燕京啤酒和汽水。
6. 火锅里的羊肉怎么样？
   火锅里的羊肉又香又嫩。

听力 듣기훈련
第一部分
1. 男：你点了什么？
   女：我点了四川火锅和一瓶啤酒。
   问：女的没点什么？
   C. 汽水
2. 男：你会做中国菜吗？

답안

女：从来没做过，我很想学学。
问：女的做过中国菜吗?
B. 没做过

3. 女：欢迎，请坐。您吃点儿什么?
   男：请问，你们这里的拿手菜是什么?
   问：女的是谁?
   A. 服务员

4. 男：这家生意不错，你常来吗?
   女：常来。这家的菜又便宜又好吃。
   问：这家的菜怎么样?
   C. 又好吃又便宜

5. 女：这是我的拿手菜，你来尝尝。
   男：是你做的吗? 我尝尝。嗯！好吃好吃！
   问：男的在干什么?
   C. 尝尝女的拿手菜

第二部分
1. 这件衣服很便宜，只是颜色很奇怪，不好看。
   问：这件衣服怎么样?
   A. 颜色不好

2. 他说北京的燕京啤酒听是听过，从来没喝过。
   问：他说燕京啤酒怎么样?
   C. 还没喝过

3. 这里的房东太太又漂亮又热情，我们都很喜欢她。
   问：谁又漂亮又热情?
   B. 女房东

4. 韩国朋友爱吃中国菜，只是不爱吃香菜，因为香菜的味道很奇怪。
   问：韩国朋友不吃什么?
   B. 香菜

5. 王老师家我去是去过，都是骑自行车去的，从来没坐过地铁去。
   问：我怎么去王老师家?
   B. 骑车去

练习 연습문제
1. ① 这里的 **A. 服务员** 都会说英语。
   ② 这家餐厅客人多，**D. 生意** 不错。
   ③ 你来尝尝我的 **C. 拿手** 菜吧。
   ④ 味道很奇怪，我 **B. 吃不惯**。
   ⑤ 我们要点菜，请给我 **E. 菜单**。
2. ① 你来点菜吧。
   C. 我看不懂菜单，你点吧。
   ② 你爱吃四川菜吗?
   B. 四川菜辣，我喜欢吃辣的。

③ 常来，这家菜又多有好吃。
   D. 你常来这里吃吗?
④ 从来没吃过，我想尝尝。
   A. 你吃过中国的羊肉吗?
⑤ 这家餐厅的拿手菜是什么?
   F. 火锅是这家的拿手菜。

第五课 爱好 취미

判断对错 OX 문제
1. ×　2. ×　3. ×　4. ×　5. ×
6. ×　7. O　8. ×　9. ×　10. ×

回答问题 묻고 답하기
1. 刘晶是谁? 她是哪个系的?
   刘晶是英美的汉语辅导老师。她是清华大学英语系的。
2. 英美的爱好是什么?
   她的爱好是瑜伽、爬山、旅游。
3. 英美来北京都去过哪儿?
   北京的名胜古迹英美几乎都去过。
4. 刘晶有什么爱好?
   她只喜欢上网和看电影。
5. 昨天她们一起去了哪儿?
   昨天她们一起去了电影院。
6. 刘晶买了电影票，英美呢?
   英美买了可乐和爆米花。

听力 듣기훈련
第一部分
1. 男：西西，你的爱好是什么?
   女：我喜欢旅游、看电影和看书。
   问：哪个不是西西的爱好?
   B. 瑜伽

2. 女：北京的名胜古迹你都去过哪儿?
   男：我去过天坛、颐和园，也去过长城。
   问：男的没去过哪儿?
   A. 故宫

3. 男：今天这部电影真好看，你觉得呢?
   女：有意思。但是没有前天看的那部电影有意思。
   问：女的觉得哪部电影更好看?
   B. 前天的

4. 男：为什么很多人看电影都吃爆米花呢?
   女：因为电影院里只有这个。
   问：很多人看电影都吃什么?
   A. 爆米花

104

5. 女：听说西西的汉语老师不是大学生，是研究生。
   男：对，是英语系的研究生。
   问：西西的汉语老师是哪个系的？
   C. 英语系

第二部分
1. 我弟弟聪明是聪明，可是不爱学习，只爱玩儿电脑。
   问：我弟弟怎么样？
   C. 爱玩儿电脑
2. 他在上海工作已经五年了。上海的路他几乎都认识。
   问：他认识什么？
   C. 上海的路
3. 哥哥去电影院买了两张票，一张给爸爸，一张给妈妈。
   问：哥哥买了什么？
   A. 电影票
4. 西西的两个姐姐又聪明又漂亮，但是西西比她们更聪明。
   问：谁最聪明？
   B. 西西
5. 他在中国什么运动都不做。可是在韩国他常爬山也常做瑜伽。
   问：他在韩国不做什么运动？
   B. 跑步

练习 연습문제
1. ① 看电影的时候，大家都爱吃 E. 爆米花 。
   ② 他就是我们的汉语老师， A. 听说 他是从哈尔滨来的。
   ③ 我们这次旅游，北京的 D. 名胜古迹 几乎都去了。
   ④ 我上大学的 C. 时候 ，每天在图书馆里学习。
   ⑤ 公园 B. 附近 有没有书店？
2. ① 你去首尔旅游都去过哪儿？
   F. 首尔的名胜古迹几乎都去了。
   ② 你都有什么爱好？
   C. 我只喜欢看电影和运动。
   ③ 我们吃爆米花喝什么？
   A. 喝可乐吧。
   ④ 你还在学瑜伽吗？
   E. 工作太忙，不学了。
   ⑤ 听说有一部韩国电影很不错。
   B. 现在有什么好看的电影？

第六课 谈天气 날씨 이야기

判断对错 ox 문제
1. ×   2. ×   3. ×   4. ○   5. ×
6. ×   7. ×   8. ×   9. ○   10. ×

回答问题 묻고 답하기
1. 今天天气怎么样？多少度？
   今天天气很热。零上三十一度。
2. 英美喜欢北京的夏天吗？
   她最怕热，不会喜欢北京的夏天。
3. 北京哪个季节的天气最好？
   北京秋天的天气最好。
4. 春天和夏天北京人喜欢做什么？
   春天北京人喜欢去公园散步或打篮球，夏天有的去游泳有的呆在家里。
5. 冬天的时候，北京人喜欢做什么？
   冬天北京人喜欢滑雪和看雪景。
6. 北京的哪个季节和首尔一样？
   北京的冬天和首尔一样常下雪。

听力 듣기훈련
第一部分
1. 男：这么闷热，咱们去游泳吧。
   女：游泳也热呀！我不出去，我要呆在家里。
   问：女的说什么？
   C. 不想出去游泳
2. 男：我怕热不怕冷，我喜欢冬天，你呢？
   女：我怕冷不怕热，我喜欢夏天。
   问：女的说什么？
   A. 不怕热
3. 男：你喜欢首尔的冬天还是北京的冬天？
   女：北京的冬天太干燥，我喜欢首尔的。
   问：女的为什么喜欢首尔的冬天？
   C. 不太干燥
4. 女：香港的冬天几乎看不到雪景，首尔呢？
   男：首尔的冬天经常下雪，雪景很美。
   问：香港的冬天怎么样？
   B. 几乎不下雪
5. 男：天气预报说，今天可能下雨，你带雨伞了吗？
   女：当然带了，我也看了天气预报。
   问：他们在谈什么？
   B. 谈天气预报

답안

第二部分

1. 外边儿刮风下雨，弟弟出去打篮球还没回来呢。
   问：现在天气怎么样？
   C. 又刮风又下雨
2. 一年四个季节，我喜欢春天和秋天，因为不冷不热。
   问：我喜欢什么季节？
   C. 春天和秋天
3. 天气预报说，今天北京零上三十二度，上海三十三度，首尔三十度。
   问：哪儿最热？
   B. 上海
4. 打篮球是什么季节都能做的运动，打篮球要人多，所以很热闹。
   问：打篮球这个运动怎么样？
   A. 人多热闹
5. 上班和下班，有的人坐地铁，有的人坐公共汽车，有的人开车。
   问：这句话说的是什么时候？
   A. 上下班的时候

练习 연습문제

1. ① 首尔冬天 C. 经常 下雪，雪景很美。
   ② 下午比中午凉快，那时候 B. 打篮球 最好。
   ③ E. 天气预报 说明天也热，零上三十五度。
   ④ D. 快要 到冬天了，我最怕冷。
   ⑤ 夏天常下雨不 A. 干燥 。
2. ① 天气预报说今天要下雨。
   B. 是吗？我今天没带伞。
   ② 我喜欢北京的秋天。
   D. 你喜欢北京的哪个季节？
   ③ 大冬天你不冷吗？
   F. 很冷，我穿了三件衣服呢。
   ④ 北京天气很干燥，首尔怎么样？
   A. 首尔没有北京干燥。
   ⑤ 夏天我常去游泳。
   E. 夏天你喜欢做什么？

第七课 买票 표 사기

判断对错 OX 문제

| 1. × | 2. × | 3. × | 4. × | 5. × |
| 6. × | 7. × | 8. ○ | 9. ○ | 10. × |

回答问题 묻고 답하기

1. 学校放假，英美有什么打算？
   英美打算和刘晶一起去上海旅游。
2. 从北京到上海都有什么火车？
   从北京到上海有高铁、动车和特快。
3. 英美买了什么火车票？
   英美买了晚上十点的特快票。
4. 从北京到上海坐特快要多长时间？
   从北京到上海坐特快要十二个小时。
5. 英美为什么买了卧铺票？
   英美想体验一下中国的卧铺。
6. 两张火车票一共多少钱？
   两张火车票一共一千三百一十五元。

听力 듣기훈련

第一部分

1. 男：五点去上海的火车票一张。
   女：五点的没有卧铺，只有硬座。
   问：五点去上海的火车有什么票？
   A. 硬座
2. 女：天气这么冷，我看冬天快要来了。
   男：太好了，我可以去滑雪了。
   问：男的是什么意思？
   A. 欢迎冬天
3. 女：你在中国坐过火车吗？
   男：去哈尔滨坐过，那时候又远又累，可是很有意思。
   问：他们在谈什么？
   B. 中国的火车
4. 男：两张去北京的卧铺，一张上铺，一张下铺。
   女：上铺二百六十块，下铺二百九十块。
   问：男的买两张票，一共多少钱？
   B. 550元
5. 女：国庆节放假，我打算去日本旅游。你呢？
   男：我打算去首尔玩儿三天，去东京玩儿两天。
   问：国庆节放假，男的不打算去哪儿？
   C. 香港

第二部分

1. 自助游好是好，不方便的是吃饭睡觉都要自己打算。
   问：自助游有什么不方便？
   C. 都要自己打算

2. 中国的火车有硬座和卧铺，韩国的火车没有卧铺。
   问：韩国的火车怎么样？
   B. 没有卧铺
3. 我在中国没坐过火车去旅游，所以这次打算体验一下。
   问：我有什么打算？
   A. 火车旅游
4. 我上网订了三张电影票，明天放假打算带家人一起去看。
   问：明天放假我有什么打算？
   C. 出去看电影
5. 从上海到北京，坐飞机两个小时，坐高铁五个半小时，坐特快要十五个小时。
   问：从上海到北京，最快要多长时间？
   C. 两个小时

练习保 연습문제

1. ① D. 自助游 好是好，但吃的住的都要自己打算。
   ② 很多韩国人都想 C. 体验 一下中国的火车旅游。
   ③ A. 卧铺 有上铺、中铺和下铺，你订哪一个？
   ④ 十月一日是中国的 E. 国庆节 。
   ⑤ 工作的人和学习的人都喜欢 B. 放假 ，因为他们都想休息。
2. ① 五点的没有卧铺，只有硬座。
     E. 我要一张五点的卧铺票。
   ② 你去上海坐什么火车？
     A. 特快或者高铁都行。
   ③ 大概两个半小时。
     F. 从上海到首尔坐飞机要几个小时？
   ④ 放假你打算去哪儿？
     B. 我打算和家人一起去日本旅游。
   ⑤ 你为什么不坐火车坐飞机呢？
     D. 我没坐过飞机，想去体验一下。

第八课 住宾馆 호텔 숙박

判断对错 OX 문제

| 1. × | 2. × | 3. × | 4. × | 5. × |
| 6. × | 7. × | 8. × | 9. × | 10. O |

回答问题 묻고 답하기

1. 她们住的宾馆在哪儿？是几星级的？
   宾馆在上海的南京路。是三星级的。
2. 她们住什么房间？一天多少钱？
   她们住标准间。一天三百八十元。
3. 她们的房号是多少？
   她们的房号是302。
4. 房间怎么样？可以看到什么？
   房间不大，但很安静，而且可以看到外滩的夜景。
5. 为什么现在上海的游客特别多？
   因为现在是旅游旺季。
6. 她们怎么找到了夜市？
   刘晶看着手机地图找到了夜市。

听力 듣기훈련

第一部分

1. 男：这电梯为什么不上去？
   女：先生，坐电梯要用房卡，您的房卡呢？
   问：男的是谁？
   B. 宾馆客人
2. 男：宾馆的房价怎么这么贵！
   女：现在是旺季，当然不便宜啊。
   问：宾馆的房价为什么贵？
   C. 旅游旺季
3. 男：我们这里单人间二百四十元，标准间三百二十元。
   女：请给我一个单人间，这是我的护照。
   问：男的和女的在哪儿？
   C. 在宾馆
4. 男：听说，夜市离这儿很近，我们去看看吧。
   女：好啊，今天我要吃个痛快。
   问：男的和女的要去哪儿？
   C. 夜市
5. 男：这家菜很好吃，你是怎么找到这家餐厅的？
   女：你看这个。我是看手机地图找到的。
   问：女的是怎么找到这家餐厅的？
   B. 手机上网

第二部分

1. 姐姐想住可以看到夜景的宾馆，我想住安静的宾馆。
   问：我想住什么宾馆？
   B. 安静的
2. 春天夏天秋天都是旅游旺季，这时候要早点儿订房间。

답안

   问：为什么要早订房间？
   A. 旅游旺季
3. 上海外滩的夜景很美，附近也有夜市，所以游客特别多。
   问：这是说上海的什么时候？
   C. 晚上
4. 爸爸在上海订了五星级的宾馆，房价有点儿贵，但又大又安静。
   问：爸爸订的宾馆怎么样？
   A. 又大又安静
5. 东东来北京旅游的第一天，玩儿得很痛快。晚上到了宾馆，他的房卡找不到了。
   问：东东怎么了？
   B. 房卡没有了

练习 연습문제
1. ① 这是您的 D. 房卡 ，房间是733号。
   ② 明天要出国，B. 护照 、行李都准备好了吗？
   ③ 八月是韩国的旅游 A. 旺季 ，游客最多。
   ④ 我喜欢去图书馆学习，因为那儿很 C. 安静 。
   ⑤ 昨天的3D电影太有意思了，大家都看得很 E. 痛快 。
2. ① 您订了单人间还是标准间？
     C. 我订了一个标准间。
   ② 房间里可以上网吗？
     E. 24小时可以上网。
   ③ 这家酒店一定很贵。
     F. 当然，这家是五星级的。
   ④ 因为现在是旅游旺季。
     B. 外滩的游客怎么这么多。
   ⑤ 就在右边儿。
     D. 请问，电梯在哪儿？

第九课 买礼物 선물 사기

判断对错 OX 문제

| 1. × | 2. × | 3. × | 4. × | 5. × |
| 6. × | 7. × | 8. × | 9. × | 10. O |

回答问题 묻고 답하기
1. 她们在上海旅游几天？
   她们在上海旅游了三天。
2. 她们坐什么回北京？
   她们坐飞机回北京。
3. 英美给张海买了什么礼物？
   英美给张海买了一盒茶叶。
4. 英美为什么买了旗袍？
   因为英美听说上海的旗袍很漂亮。

5. 英美觉得上海怎么样？
   英美觉得上海是一个好玩儿的地方。
6. 英美想不想再来上海？
   如果有机会，她一定要再来。

听力 듣기훈련

第一部分
1. 男：上海有什么特产？
   女：茶叶、饼干、糖果等什么都有。
   问：他们在谈什么？
   B. 上海特产
2. 男：这次的台湾旅游玩儿得怎么样？
   女：太有意思了，下次我一定再去。
   问：女的是什么意思？
   B. 台湾好玩儿
3. 男：王老师的生日，你打算送什么礼物？
   女：想到这个我就头疼。
   问：女的为什么头疼？
   A. 不知道送什么
4. 女：如果明天下雨，我们一起去书店吧。
   男：我不想去书店，我们去看电影吃饭吧。
   问：女的明天想做什么？
   A. 去书店
5. 女：如果有机会，我真想到韩国、日本、美国去玩儿。
   男：别着急，你们大学生旅游的机会多呀。
   问：女的说如果有机会想干什么？
   A. 去旅游

第二部分
1. 爸爸出差，每次都买一些那个地方的特产回来。
   问：爸爸每次出差都买什么回来？
   C. 特产
2. 他很想工作，但是机会不多，所以他现在很着急。
   问：他为什么着急？
   A. 找不到工作
3. 两天一夜的自行车旅游结束了，我们都很累，但是非常痛快。
   问：他们旅游了几天？
   B. 两天一夜
4. 我的二十岁生日那天，爸爸给我买了电脑，妈妈给我买了篮球。
   问：妈妈给了我什么生日礼物？
   B. 篮球
5. 西西买了三件旗袍。蓝色的送妈妈，黄色的送姐姐，红色的是自己的。
问：西西的旗袍是什么颜色的？
C. 红色

练习 연습문제

1. ① 我要买些 C. 特产 带回去尝尝。
   ② 如果有 A. 机会 我想去韩国旅游。
   ③ 买一件旗袍送给奶奶是最好的 D. 礼物 。
   ④ 这么晚，女儿还没回来，妈妈很 B. 着急 。
   ⑤ 这部电影几点开始，几点 E. 结束 ？

2. ① 她在哪儿工作？
   F. 她在一家糖果饼干公司工作。
   ② 你打算买什么礼物送朋友？
   D. 我也不知道买什么，真头疼。
   ③ 中国人喜欢送地方特产。
   C. 中国人都送什么礼物？
   ④ 你喜欢上海吗？
   A. 喜欢。有机会一定再来。
   ⑤ 玩儿了四天三夜。
   B. 你去首尔玩了几天？

어휘 색인

A

| 爱好 | àihào | 취미 | 5과 |
| 安静 | ānjìng | 조용하다 | 8과 |

B

巴士	bāshì	버스	3과
吧	ba	추측 어기조사	2과
班	bān	반, 그룹	3과
帮	bāng	돕다	1과
爆米花	bàomǐhuā	팝콘	5과
报名	bàomíng	신청하다, 등록하다	3과
比较	bǐjiào	비교적	6과
标准间	biāozhǔnjiān	(2인 1실의) 일반실	8과
别	bié	…하지 마라	9과
宾馆	bīnguǎn	(시설이 좋고 큰)여관	8과
饼干	bǐnggān	과자, 비스킷	9과
不错	búcuò	괜찮다, 좋다	4과
不用	búyòng	…할 필요가 없다	3과
部	bù	영화, 서적 등을 세는 단위	5과
不好意思	bù hǎoyìsi	쑥스럽다, 창피하다	1과

C

才	cái	겨우	2과
菜单	càidān	메뉴	4과
尝	cháng	맛보다	2, 4과
茶叶	cháyè	찻잎	9과
吃不惯	chī bu guàn	(음식이) 입에 맞지 않다	4과
吃不了	chī bu liǎo	(많아서) 먹을 수 없다	4과
吃不起	chī bu qǐ	(비싸서) 먹을 수 없다	4과
吃不下	chī bu xià	(배불러) 먹을 수 없다	4과
吃不着	chī bu zháo	(없어서) 먹을 수 없다	4과
初中生	chūzhōngshēng	중학생	5과
聪明	cōngming	총명하다, 똑똑하다	5과

어휘 색인

| 从来 | cónglái | 지금까지 | 4과 |

D

打篮球	dǎ lánqiú	농구를 하다	6과
打算	dǎsuàn	계획하다	7과
呆	dāi	머무르다	6과
带	dài	이끌다, 인도하다	2과
单人间	dānrénjiān	(호텔) 1인실	8과
淡季	dànjì	비수기	8과
但是	dànshì	그러나	5과
当然	dāngrán	당연하다	6과
到	dào	도착하다	3과
等	děng	기다리다	1, 7과
等	děng	등, 따위	7과
第二天	dì'èr tiān	이튿날	3과
地方	dìfang	곳, 장소	6, 9과
第一	dìyī	맨 처음, 첫번재	1과
电梯	diàntī	엘리베이터	8과
订	dìng	예약하다	8과
东方明珠	Dōngfāngmíngzhū	동팡밍주	8과
东西	dōngxi	물건	5과
懂	dǒng	알다, 이해하다	4과
动车	dòngchē	200km/h급 고속열차	7과
堵	dǔ	막히다	3과
度	dù	(온도)도	6과
对	duì	…에 대하여	2과
对	duì	맞다, 옳다	5과

E

| 而且 | érqiě | 게다가 | 8과 |

F

| 饭店 | fàndiàn | 호텔, 여관 | 8과 |

부록 111

어휘 색인

方便	fāngbiàn	편리하다	3과
房东	fángdōng	집주인	2과
房间	fángjiān	방, 객실	8과
房卡	fángkǎ	(호텔) 키 카드	8과
房子	fángzi	집	2과
放假	fàng jià	휴가로 쉬다, 방학하다	7과
服务员	fúwùyuán	종업원	4과
辅导	fǔdǎo	도우며 지도하다	5과

G

干净	gānjìng	깨끗하다	2과
干燥	gānzào	건조하다	6과
高铁	gāotiě	300km/h급 고속열차	7과
高兴	gāoxìng	기쁘다	1과
各	gè	각, 각자	9과
个子	gèzi	키	6과
更	gèng	더욱	2과
公车	gōngchē	버스	3과
公交车	gōngjiāochē	버스	3과
公寓	gōngyù	아파트	2과
国庆节	Guóqìng Jié	국경절, 중국 건국기념일	7과

H

还	hái	또, 더	4과
好玩儿	hǎowánr	재미있다	9과
护照	hùzhào	여권	8과
欢迎	huānyíng	환영하다	1과
换	huàn	바꾸다, 교체하다	3과
换乘	huànchéng	(차를) 갈아타다	3과
火锅	huǒguō	훠궈, 샤브샤브	4과
或者	huòzhě	혹은	3과

어휘 색인

J

几乎	jīhū	거의, 모두	5과
机会	jīhuì	기회	9과
季节	jìjié	계절	6과
家	jiā	가게, 기업등을 세는 단위	4과
价钱	jiàqian	가격, 값	7과
健身房	jiànshēnfáng	헬스클럽	5과
交通	jiāotōng	교통	3과
接	jiē	마중하다	1과
结束	jiéshù	끝나다	9과
介绍	jièshào	소개하다	4과
经常	jīngcháng	늘, 항상	6과
就	jiù	곧, 바로	3과
酒店	jiǔdiàn	호텔	8과
觉得	juéde	…라고 느끼다, …라고 여기다	1과
决定	juédìng	결정하다	2과

K

考上	kǎoshàng	합격하다	3과
可能	kěnéng	아마도	6과
可是	kěshì	그러나, 하지만	3과
可以	kěyǐ	…할 수 있다, 가능하다	8과
客人	kèrén	손님	4과
客厅	kètīng	거실	2과
哭	kū	울다	9과
快速	kuàisù	무궁화호	7과
快要	kuàiyào	곧, 머지않아	6과

L

离开	líkāi	떠나다, 헤어지다	1과
礼物	lǐwù	선물	9과
脸	liǎn	얼굴	6과

어휘 색인

凌晨	língchén	새벽	8과
零上	língshàng	영상	6과
留学生	liúxuésheng	유학생	1과
路	lù	길	1과
路	lù	노선	3과

M

麻烦	máfan	번거롭다, 폐를 끼치다	2과
满意	mǎnyì	만족하다	2과
闷	mēn	답답하다, 갑갑하다	6과
闷热	mēnrè	무덥다	6과
名胜古迹	míngshèng gǔjì	명승고적	5과

N

拿手	náshǒu	뛰어나다, 자신 있다	4과
南京路	Nánjīnglù	(地) 난징루	8과
嫩	nèn	부드럽다	4과
年	nián	년, 해	1과

P

怕	pà	…에 약하다, 꺼리다	6과
胖	pàng	뚱뚱하다	6과
票	piào	표	5과
平方米	píngfāngmǐ	제곱미터	2과
普快	pǔkuài	완행열차	7과

Q

奇怪	qíguài	이상하다	4과
旗袍	qípáo	치파오	9과
汽水	qìshuǐ	사이다	4과
前	qián	…전	1과
清华大学	Qīnghuá Dàxué	칭화 대학	3과
请	qǐng	어떤 일을 권할 때 쓰는 경어	4과

어휘 색인

R

热情	rèqíng	친절하다	2과
认识	rènshi	(사람,글자, 길을) 알다	1과
如果	rúguǒ	만약	9과
软卧	ruǎnwò	(열차의) 우등 침대석	7과
软座	ruǎnzuò	(열차의) 우등석	7과

S

山	shān	산	4과
上铺	shàngpù	이층•다층 침대의 맨 위 침대	7과
稍	shāo	잠시, 잠깐	7과
时候	shíhou	때, 시간	1과
试	shì	시험하다, 시도하다	7과
瘦	shòu	마르다	6과
送	sòng	보내다	4과
宿舍	sùshè	기숙사	2과
所以	suǒyǐ	그래서	6과

T

太太	tàitai	부인(기혼 여성에 대한 존칭)	2과
谈	tán	말하다, 이야기하다	5과
糖果	tángguǒ	사탕	9과
特别	tèbié	유달리, 특히	8과
特产	tèchǎn	특산물	9과
特快	tèkuài	특급열차, 새마을호	7과
体验	tǐyàn	체험하다	7과
天气预报	tiānqì yùbào	일기예보	6과
条件	tiáojiàn	조건	2과
听说	tīngshuō	듣자하니	5과
痛快	tòngkuài	통쾌하다, 유쾌하다	8과
头疼	tóuténg	두통, 머리가 아프다	9과

어휘 색인

W

外滩	Wàitān	(地) 와이탄	8과
旺季	wàngjì	성수기	8과
位	wèi	분, 명	4과
味道	wèidao	맛	4과
卫生间	wèishēngjiān	화장실	2과
卧铺	wòpù	(기차의) 침대	7과
卧室	wòshì	침실	2과

X

洗手间	xǐshǒujiān	화장실	2과
洗澡	xǐzǎo	씻다, 목욕하다	5과
系	xì	학과	5과
下铺	xiàpù	(열차 침대 칸의) 아래 침대	7과
先	xiān	먼저	8과
香	xiāng	맛있다	4과
香菜	xiāngcài	고수, 샹차이	4과
小王	Xiǎo Wáng	(名)샤오왕	3과
小学生	xiǎoxuéshēng	초등학생	5과
辛苦	xīnkǔ	고생스럽다, 수고롭다	1과
星级	xīngjí	호텔 등급	8과
行	xíng	좋다, 괜찮다	3과
行李	xíngli	여행짐	1과
雪景	xuějǐng	설경	6과

Y

羊肉	yángròu	양고기	4과
燕京	Yānjīng	(地) 옌징(베이징의 옛 이름)	4과
研究生	yánjiūshēng	대학원생	5과
夜景	yèjǐng	야경	8과
夜市	yèshì	야시장	8과
一定	yídìng	반드시	2과

어휘 색인

一下	yíxià	한번, 잠깐	7과
一样	yíyàng	같다	6과
以前	yǐqián	이전	2과
一些	yìxiē	조금, 약간	9과
硬卧	yìngwò	(열차의)일반 침대석	7과
硬座	yìngzuò	(열차의)일반석	7과
游客	yóukè	여행객	8과
有的	yǒude	어떤 (것, 사람)	6과
有意思	yǒuyìsi	재미있다	5과
又…又…	yòu…yòu…	…하기도 하고…하기도 하다	4과
瑜伽	yújiā	요가	5과

Z

再	zài	다시	9과
咱们	zánmen	우리(들)	3과
站	zhàn	정거장, 역	3과
招待所	zhāodàisuǒ	숙박시설	8과
着急	zháojí	조급해 하다	9과
找	zhǎo	찾다, 구하다	2과
这里	zhèlǐ	이곳, 여기	4과
这么	zhème	이렇게	2과
知道	zhīdao	알다	9과
直快	zhíkuài	직행열차	7과
只	zhǐ	오직	5과
只是	zhǐshì	단지 …할 뿐이다	4과
主要	zhǔyào	주요하다	2과
自助游	zìzhùyóu	자유여행	7과
租	zū	임대하다	2과
租金	zūjīn	임대료	2과
座(儿)	zuò(r)	좌석	7과

MEMO